牙を研げ

会社を生き抜くための教養

佐藤 優

講談社現代新書

2421

まえがき

最近の読書界では、教養がブームだ。大型書店では、必ず教養コーナーが設けられている。私も教養ブームの火付け役の一人とみなされているようだ。ただし、私は「教養のための教養」という類いの教養主義には反対だ。教養は、直接もしくは間接に、仕事や生活と結びつかなくてはならないと思っている。

私自身が過去に教養関連で出したのはほとんどが、「間接に」役立つ、哲学、神学、マルクス経済学、歴史学などの本だった。今回は、「直接に」役立つ本を作ってみようと思った。私は外務省で、若手外交官を教育する研修指導官をつとめていた。また、それとは別に部下や同僚のインテリジェンス教育にも従事した。日本には、独自の対外インテリジェンス機関がないので、モサド（イスラエル諜報特務庁）やSVR（ロシア対外諜報庁）の教育専門家の助言を得ながら、インテリジェンス教育をおこなった。この教育は、外交の現場でかなりの成果をあげたと思う。教育内容の五〇パーセントは現場で役に立ったと自負している。大学での教育や企業での新人研修をふりかえってみても、実務で五〇パーセントも役に立つ事例はなかなかないと思う。

ビジネスパーソンは、激しい競争のなかで生きている。この現実を踏まえたうえで、教養について考えてみた。誰も公言はしないが、組織のなかで生き残るためには「狡《ずる》さ」が必要だ。例えば、本書のなかでも強調しているのが、独断専行だ。一般には独断専行は、旧大日本帝国の悪弊で、組織の病理であると断罪されている。しかし、実際、官庁でも民間企業でも、仕事で評価される人は、独断専行の使い方をよく心得ている。ただし、状況判断をせずに独断専行をすると、過剰な責任を追及されるリスクがある。落とし穴に落ちないように注意しつつ、上手に立ち回る方法についても本書ではかなり踏み込んで書いた。

さらに本書を通じて、論理の重要性を強調した。論理には、言語的な論理と非言語的な論理がある。非言語的な論理の代表格が数学だ。私立文科系の難関大学を卒業した人でも中学生レベルの数学に不安を抱えている場合がある。その場合の数学力向上法についても具体的に記した。また、日本語の使い方を吟味することで言語的な論理の力を強化できることを述べた。

世の中には、法則化できない事柄がたくさんある。その一つが歴史だ。歴史について、まったく同じ出来事がくりかえされることはない。しかし、それぞれの民族や国家の歴史には個性がある。くりかえし実験ができる法則定立的な科学（体系知）とは別に歴史、民族、文化、文学など、それぞれの個性を記述する形態での体系知があることを本書では強調した。こういう新カント派的なアプローチを時代遅れだと思う読者もいるかもしれないが、時代遅れであっても、現実をとらえることができるならば、その方法を用いればいいと私は考えている。

二〇世紀末のポストモダン思想の嵐（それはバブル経済の並行現象である）によって、体系知というアプローチはゴミ箱に捨てられてしまった。私はこれは大きな間違いと思っている。体系知と結びつかない教養はない。教養が復権することで必然的に体系知という「知の形態」も甦《よみがえ》るのである。この講義は、現在の制度化されたアカデミズムにはなじまない内容になっている。しかし、生活と仕事の現場では、確実に役に立つ。本書を読んで知的な牙を研いでほしい。

二〇一七年三月二一日、曙橋（東京都新宿区）の自宅にて

佐藤　優

目次

第一章　中間管理職のための仕事術

——独断専行の研究

「チャレンジ」「うまくやれ」の組織文化

佐藤　おはようございます。朝早くからほんとうにお疲れさまです。

今日はビジネスパーソンの皆さんにとって、とても有意義な、しかし現在では忘れられてしまっている著作を読んでいきたいと思います。旧日本陸軍のマニュアル中のマニュアル『作戦要務令』です。

旧陸軍のマニュアルというと、企業経営者は、『統帥綱領』に関心を持ちます。『統帥綱領』は、陸軍大学校を出た後、作戦参謀になるような、超エリート養成のためのマニュアルです。

しかし、ビジネスの世界においては、実際は中堅の将校を養成するための『作戦要務令』のほうがとても重要です。

二〇一五年に東芝の粉飾決算が話題になりました。歴代三人の社長が辞任する問題に発展しましたが、その原因は、経営トップが「チャレンジ」と称して、利益の水増しを迫っていたことにあると報じられました。近年、東芝以外にも、建設会社、自動車会社によるデータ改竄《かいざん》など、さまざまな企業の不祥事があいついでいます。なぜ、企業で「工夫しろ」とか「チャレンジ」だということが出てくるか。企業の不正が問題になっても、経営者らが直接改竄を指示したという文書はまず出てきません。企業としても違法であることがわかっているからです。しかし、新自由主義の世の中において、数字で示すことができる成果はますます求められている。そのときに「工夫しろ」、「チャレンジ」という、それ自体は違法ではない指示を出すわけです。

私がモスクワの日本大使館に勤務していたころ、日本外務省の大幹部がイコン（聖画像）を入れる年代物の額縁を日本に持ち帰ろうとしたことがありました。イコンは、ロシアの法律で国外持ち出しが禁止されています。額縁のような美術品ならば、ロシア文化省の許可を得て、税金を払えば、許可されることもありますが、私の経験では、イコン関連の美術品に関してはまず許可されません。モスクワの空港ではレントゲン検査がある、もめれば新聞に名前が出るといって、なんとかして持ち出しを止めようとするのですが、こういうとき、上司は「うまくやれ」としか言いません。結局、私は断りましたが、他の外交官が外交特権を使って持ち出しました。これは国際法に違反する行為です。

皆さん一人一人でいえば、この「うまくやれ」の組織文化が、中間管理職として胃袋がちぎれるような状況に陥らせる原因になっています。この「うまくやれ」は、『作戦要務令』を貫く独断専行の発想に基づいています。

出世の条件

ところが一方で、じつは成功している企業も、「うまくやれ」を、日本的な文脈のなかにうまく落とし込んでいるということがあります。

読むとわかることですが、出世をしていく人間というのは、この『作戦要務令』に書かれている条件を基本的に満たしている人です。独断専行を認めている上司だし、褒めることができる上司だし、部下に責任をかぶせても、それが可視化されないようにすることができる上司です。闘争心をむき出しにして、ごりごりやるような人間が案外上に行かないのは、このマニュアルを見るとよくわかります。まだ中間管理職であるにもかかわらず、『統帥綱領』だけ読んでしまっているような人はがっつき過ぎていて、逆に出世できないのです。

『作戦要務令』を読んでおけば、企業の論理がわかるし、ブラック企業対策もできる。また上司をどういうふうにして操るか、あるいは部下にどうやってやる気を出させるか、そういった悪知恵を身につけることもできる。

ちなみに調べてみると、戦前は『作戦要務令』をきちんと運用できるかどうかが軍のなかでの出世につながったので、戦前、戦中に参考書や問題集が山ほど出ています。

『統帥綱領』と『作戦要務令』

この『作戦要務令』は、一九三八年、旧日本陸軍の円熟期につくられたマニュアルです。外国から輸入したものを、自分たちのなかで相当に消化して最終的に使えるようにしています。旧陸軍はいろいろなマニュアルを残していますが、そのなかでも、『作戦要務令』は日本の組織文化というものをよく踏まえていて、どのように実際の軍隊の部隊を動かしていくかが書かれているので、いまでも使えるのです。

『作戦要務令』は、丁寧に読めば、それほど難しくはありません。

日本陸軍が、これからの戦争は総力戦になる、と真摯《しんし》に考えるきっかけとなったのは、日露戦争でした。気合とか精神力とか個人の能力、勇気などということで戦争に勝つことはできない、乃木希典《のぎまれすけ》のように突っ込め突っ込めと白襷《しろだすき》隊で機関銃の前に突っ込んでいくと、ばたばた兵士は死んでしまう。だから、軍隊を支援するような体制をつくりあげ、国力を向上させていかなくてはならないと考えるようになったのです。

ちなみに、日露戦争は第一次世界大戦の前哨戦でもありました。人類がはじめて経験した大量殺戮が起き得る戦争だったのです。そこで鍵になった兵器は機関銃です。機関銃は、イギリスのマキシムという会社が主に供給していました。機関銃の技術は現在の我々の周辺でも応用されています。ホチキスです。弾送りの原理を発明したために、それまで考えられなかったようなかたちでの銃としての機関銃が生まれました。

そうした日露戦争の経験を踏まえ、戦いの仕方に関しても総力戦になるという考えが生じ、工業力と結びついていくように、人事の運営も合理的にやらないといけないと変わっていきます。その結果、まず、『統帥綱領』ができます。

この『統帥綱領』や『作戦要務令』について、大橋武夫という人が建帛社《けんぱくしゃ》から本を出しています。大橋武夫は、陸軍中野学校出身ではないけれども、中国大陸で大橋機関をつくるなど、陸軍の諜報業務についていました。戦後、軍隊の方式を用いれば、会社を立て直すことができるといって、兵法経営塾をつくります。あちこちの労使紛争に関与し、左翼系の組合を潰して、そのなかで軍隊のシステムをつくり上げて会社の経営を「正常化」させていきました。

その彼による『統帥綱領』のなかの「統帥参考」には、一九三二年、「本書は統帥に関する識量を養う資に供するため、当校において統帥の諸原則を、ひろく戦史を観察し、普遍的に攻究編纂したるものとす。研究ならびに教育上有益なる資料たるを認め……」とあります。日本には当時、超エリート育成のシステムがありました。陸軍士官学校を卒業した後、しばらく軍の勤務につき、その後、各中隊から推薦されたなかで、さらに選抜して毎年二〇人ぐらいが陸軍大学校に進学するというシステムです。そういう超エリートに全文を暗唱させたマニュアルが『統帥綱領』です。

当時、陸軍大学校を卒業すると、少し細長い、江戸時代の天保銭《てんぽうせん》に近いような徽章《きしょう》をつけました。それにちなんで、陸軍のエリートは天保銭組と呼ばれました。この習慣自体は一九三六年には廃止されるけれども、この天保銭組というのが陸軍参謀本部の第一部（作戦担当）になり、出世していきます。

本来、参謀本部というのはラインではなくてスタッフですから意思決定はしないはずです。しかし実際には、参謀本部が戦略構築のアドバイスだけではなくて具体的な指令を出した。戦争が進むなか参謀本部の指示によって前線で被害が生じます。ところが、参謀はスタッフだから、責任をとらなくていい。実質的、無限定の無制約な権限を持つけれども、それに対する責任をいっさい負わないでいいという異常なシステムとなっていたのです。だから、日本が戦争に入っていくなかで、服部卓四郎《はっとりたくしろう》や、終戦の状況になると瀬島龍三《せじまりゅうぞう》、あるいはノモンハン事件以降の辻政信《つじまさのぶ》など、不思議な人が参謀本部からたくさん出てきました。服部卓四郎は、戦後は「服部機関」をつくって、アメリカの占領政策を進めるうえにおいては非常に重要な役割を果たします。

この『統帥綱領』に関しては、企業経営者はすごく関心を持つ。帝国陸軍も動かしたような統帥とおなじように自分もなれる、と勘違いしてしまうからです。しかし実際には、『統帥綱領』は大負け戦《いくさ》をしたときの綱領だから、そこから学ぶべきことはあまりないと私は思っています。それに対して『作戦要務令』は、小隊長、中隊長、大隊長など、現場で部隊を動かす人たちを教育するための基本マニュアルです。だいたいどの側面に関しても、いままでの経験というのがマニュアル化されている。

指揮官の決断力

この『作戦要務令』は国会図書館のデジタルコレクションなどで見ることができますが、三部構成になっています。特に第三部はロジスティックスの話だから、意外と今でも役に立つし、憲兵という項目のところは社内規律を考えるうえで役に立つ。けれどもじつは、この『作戦要務令』には秘密指定がかかっている第四部というのがあります。毒ガスについて書かれていますが、軍事機密に属するということで、毒ガスの使い方、毒ガスに関する防御法は外されて、一般の教育には使われなかった。それでは、少しずつみんなで読んでいきましょう。まず指揮官とはどうあるべきかということです。

——指揮の基礎を成すものは実に指揮官の決心なり。ゆえに、指揮官の決心は堅確にして、常に強固なる意志をもってこれを遂行せざるべからず。決心動揺すれば指揮自ずから錯乱し、部下従いて遅疑《ちぎ》す。（第一部第二篇　指揮及連絡「通則」第六。現代かなづかいに改め、句読点を入れるなどした。以下同）

佐藤　どういうことかというと、指揮、リーダーシップの基礎は、指揮官の決断力にある。だから、決断力というのは重要で、いったん何か決めた後は動揺したらいけない。仮に動揺することがあるならば、部下が「こいつを信用して大丈夫なのか」「ついていって大丈夫なのか」と、不安に陥ってしまう。こうなると組織は動きません。

じつはこの項目は、マキャヴェリの『君主論』から取られたものです。マキャヴェリの『君主論』のなかに、追従《ついしょう》をいかに避けるかという、本の核心ともいうべき章があります。

指揮官になった場合、君主になった場合、一番危険なのは、周囲におべっか使いがたくさんやってきて、調子のいいことばかり言うことだとあります。

おべっか使いに惑わされると決断をまちがえてしまう。だから、率直に正確な情報を君主に上げられるような環境をつくらないといけない。ただし、誰でも自由に物が言えるようにすると、誰も君主を怖がらなくなってしまう。だから、特定の人を君主が決め、特定の専門分野に関して意見を言わせるようにする。

そして、意見を聞いても、すぐには反応しない。話を最後まで聞いて、情報の根拠は何なのか、といったことについては聞く。しかし、自分がその情報についてどう思っているか、評価はその場では絶対に言わない。なおかつ、もし部下が、自分が喜びそうな情報をあえて持ってきているという場合は、露骨に嫌な顔をする。

そのようにして、情報自体は何人かの専門家からとるけれども、決断は自分でおこない、ひとたび決断をしたら、強い意志をもって遂行する。こういうやり方をすれば、部下たちが離反することもなく、物事というのは比較的真っすぐに遂行することができると書かれています。

つぎを読んでみましょう。

退却の心得

——指揮官は状況判断に基づき、適時、決心をなさざるべからず。而《しこう》して、決心は戦機を明察し、周到なる思慮と迅速なる決断とをもってこれを定むべきものにして、常に任務を基礎とし、地形および気象の不利、敵情の不明等により躊躇《ちゅうちょ》すべきものにあらず。一度定めたる決心はみだりにこれを変更すべからず。然れども状況の変化に対応するの途

を誤ることなきを要す。(第一部第二篇　指揮及連絡「通則」第九)

佐藤　決心を変更してはいけない。しかし、状況の変化に対応しなければならない場合にはきちんとした動きをしないといけない。だから、自分が発してしまった命令によって大きな危険が今後生じることが想定されるならば、命令を変更することには躊躇してはいけない。朝令暮改に陥ってはいけないけれども、ある状況でこれ以上事が進んではいけないという場合には、命令を変更する、状況によっては引かないといけないということです。

このマニュアルのすぐれているところは、第二部で退却について項目が割かれていることからもわかるように、撤収戦、退却を想定していることです。逃げることも全体の戦争のなかで負けないためにはきわめて重要です。

ガダルカナル島のように、戦力を逐次投入している状況では、撤退することにかかる組織内的なコストよりも、現状を続けているほうが楽だということになって、消耗戦に巻き込まれ、多くの被害を出しました。このマニュアルが機能していれば、ああいうことはなかったはずです。

実際の戦闘において決断を迫られるのは、現場の長です。企業社会でいえば、中間管理職です。決断はとても孤独な作業です。特に何かから撤退をするというのは、現状維持の何倍も物理的に、精神的にきつい作業です。

上司というのは命令を出さないといけません。命令を受ける人は何をやらないといけないか。命令を遂行させるために必要な情報は何か。人員、お金、資材はどれくらい使えるのか。まず一人でやるのか、チームでやるのか。連絡をどうとればいいのか。任務を終えた後、どういう行動をすればいいか。どう報告すればいいか。命令を出すにはそういったことを考えなくてはなりません。こういったことが『作戦要務令』には丁寧に書かれているのです。

懲罰部隊と「戦陣訓」

『作戦要務令』には、撤退のことまでも想定したマニュアルがつくられていたにもかかわらず、日本は悲劇的な結末を迎えます。『統帥綱領』つまり、作戦を立てている連中のほうに、臨機応変に撤退するという考え方がなかったのです。

ちなみに、ソ連軍には特別な懲罰部隊という強い部隊がありました。彼らには階級章もついていない。ぼろ服を着ている。食事もぎりぎりの配給しかなくて、肉は全然配給されない。紅茶なんかも飲むことはできない。

懲罰部隊がどういう人たちからなっていたか。多かったのは、ドイツ軍の捕虜になって、生きて戻ってきた人たち。捕虜になって戻ってくるのはドイツのスパイにちがいないというのがスターリンの認識だった。だから彼らには、銃殺か、懲罰部隊に入るか、という二つの選択肢しかなかった。そうするとだいたいの人は、懲罰部隊に入るほうを選びます。

ドイツの捕虜になった人たちが半分で、ほか四分の一は政治犯でした。すなわちトロツキスト、ブハーリン主義者ら、スターリンとの権力闘争に敗れて獄中にいる人たちが、これも銃殺か懲罰部隊に入るかということを迫られる。残り四分の一は刑事犯。殺人犯、強盗、放火、強姦といった重大犯罪を起こして刑務所に収容されている連中。彼らもまた銃殺よりは懲罰部隊を選んだ。

その結果組まれた懲罰部隊は、最前線に送られる。戦地では地雷網などがありますが、地雷を除去しないで戦線を突破するのは全部、懲罰部隊です。なぜ懲罰部隊が英雄的に戦うことができたかというと、その後ろに第一線の正規軍が置かれたからです。スターリンの懲罰部隊に対する命令は「一歩も下がるな」。後ろに下がったら第一線の正規軍が射殺する。だから先を突破していくしかなく、強かったのです。

しかも、その部隊というのは存在しないことにされていた。満州にソ連軍が入ってきたときに、暴行略奪でひどい目に遭わされたという話をたくさん聞くでしょう。ところが、二週間ぐらいたったら軍紀が改まって非常にしっかりしてそういったことがなくなった、こういう話も聞くでしょう。どういうことかというと、最前線で満州に入ってきたのは、この懲罰部隊だった。この懲罰部隊の連中というのは、最初の二週間ぐらいは、略奪などを勝手にやることを認められた。その後、正規軍が入ってきて、正規軍には共産幹部の将校がいて、裁判権を持っているから、即決で自分の判断で射殺できる。それによって軍紀を維持することができる。ある意味ではソ連軍というのは、ものすごく合理的に人間の命を管理していたともいえます。

退却を事実上許さないという日本のやり方というのは、じつのところはソ連軍にすごく似ていた。しかし、日本はイデオロギー操作でそれをやったわけです。「生きて虜囚《りょしゅう》の辱《はずかしめ》を受けず」と「戦陣訓」で強制した。だから、そういう文章をつくった東条英機《とうじょうひでき》の責任は重い。

捕虜になった日本人はなぜしゃべるのか

ちなみに、日本軍が降伏しないというのは、じつはうそだということに、アメリカは戦争の途中で気づいた。アメリカ軍は、戦争の途中までは日本兵をほとんど殺していた。だからアメリカ軍は決して人道的でも何でもなかった。ところが、ある状況から、日本兵、特に将校は捕まえたらよくしゃべるということに気づいた。日本兵は死に物狂いで戦うけれども、一旦捕まってしまうと、なぜ、ぺらぺらしゃべるのだろうと。要するに、捕虜になることがないという前提なので、捕虜になったときのマニュアルがないわけです。

国際法では、捕虜になった場合は、捕虜は自分の氏名と階級、生年月日と所属部隊の認識番号と個人番号のみ言えばよくて、それ以外のことを言わないでいい。部隊の配置については言わないでいいし、拷問で聞き出したりすれば戦時国際法違反だった。ところが、日本人は全体か無かという発想で仕事をしているから、捕虜になってしまったら、ぺらぺらしゃべる。宣伝新聞などに自分の顔を出さないでくれ、日本側に自分が捕虜になったことを通報しないでくれという願いが受け入れられれば、いくらでもしゃべる。そのことに米軍の情報部は関心を持った。

そこでつくられたのが、アメリカの文化人類学者ルース・ベネディクトを中心とするチームです。ルース・ベネディクトは社会学者だけれども、日本の専門家ではありません。日本人がなぜこういうふうにして投降するのか、日本人をどんどん投降させてしゃべらせるにはどうすればいいかということで調査させた。その結果生まれたのが、いまや日本人観の古典ともいえる『菊と刀』です。

彼女は、日本の軍記物、戦記物など、戦国時代の研究を中心におこないます。その結果、日本人はよく寝返るし、降伏するということがわかる。殿様は自分が切腹すれば家臣が助かるという場合には城を明け渡すといった事例を研究して、日本人に埋め込まれた文化というのはそう簡単には変わらないという結論に至ります。

アメリカは、日本研究とは別に沖縄研究もおこなっています。ルース・ベネディクトたちとは別の社会学者のチームをつくって、沖縄の占領に向けて、特別の人類学調査をおこない、「民事ハンドブック（CIVIL AFFAIRS HANDBOOK）」という報告をまとめている。これは沖縄県が翻訳して、沖縄県史の資料編として入っています。

長年の差別政策に対して沖縄人は不満は持っているけれども、劣等感は持っていない。このところに、日本は気づいてない。したがって、日本との分断はそれほど難しくない。そういう観点から沖縄統治をおこなうべきというのが、「民事ハンドブック」の基本的な内容です。

だから、戦後政策のなかでアメリカはある時期まで、対日離反政策を取り、いわば沖縄のアイデンティティーを強化する政策を取っています。このときに刷り込まれた遺産が、じつは二一世紀になって芽を吹いてきているという面もあります。

「うまくやれ」という万能の指示

さて、『作戦要務令』に戻りましょう。じつはつぎの項目を説明したいがために、今日、このマニュアルをテキストに使うことにしたのです。

――指揮官は決心に基づき、適時、適切なる命令を発す。命令は発令者の意志および受令者の任務を明確適切に示し、かつ受令者の性質と識量とに適応せしむるを要す。而して、受令者の自ら処断し得る事項は、みだりにこれを拘束すべからず。また命令は、受令者に到達するまでの状況の変化に適応するものなりや否やを考察すること必要なり。（第一部第二篇　指揮及連絡「通則」第十）

佐藤　指揮官はきちんとした命令を明確適切に出さなくてはならない。しかし、命令を受けた人間が、状況の変化に対応して何かおこなうときは、命令に拘束されることなく、独断で決めていい場合がある。独断専行して構わないということです。

要するに日本の『作戦要務令』の特徴は、「うまくやれ」ということにあります。

外務省に入ってしばらくして驚いたことがあります。難しいことになると、上司からの指示は、「佐藤君、うまくやっておけ」となる。これはやはり万能の指示です。結果がどうしてもほしい。しかしはっきりと不正がわかるかたちではなかなか伝えられない。そのようなときに、「うまくやれ」というのは、とても便利なマジックワードです。独断専行でやった結果、成功した場合には「よくやった。俺の指示どおり、おまえはうまくやった」ということになる。失敗した場合には「おまえ、何やっているんだ。うまくやれと言ったじゃないか」ということになる。

「うまくやれ」の思想は、たとえば、つぎのところにもあらわれています。

――命令の受領より之が実行までに状況の変化測り難きとき、又は発令者状況を予察すること能《あた》わず、受令者をして現況に応じ適宜処置せしめんとするがごときときの命令にありては全般の企図及び受令者の達成すべき目的を明示するの外《ほか》、細事にわたり其の行動を拘束せざるを要す。然れども受令者の識量に応じ或いは状況に依り、行動の準拠となるべき大綱を示すを可とすることあり。（第一部第二篇　指揮及連絡「通則」第十二）

佐藤　「うまくやれ」の源泉ともいえる文章です。実行するまでに情勢が変化するので予測できない。そのようなときはガイドラインだけを示しておく、あとはうまくやれということです。他の項目では、命令を出しても組織の末端に行くまでに時間がかかった場合のことが挙げられていますが、これも同じです。

このマニュアルは全体にわたって独断専行を非常に広い範囲で認めています。独断専行を認めているということは、それに対する責任は一応指揮官が負うという立場にはなっている。しかし、自分のやっていないことに対して責任を負わないといけないということだから、当事者意識が薄れてくる。だから、攻めにはとても強い論理だけれども、守りの態勢になったときにおいては責任所在がきわめて不明確になってしまう。

上司の心を忖度する

このように、独断専行にはもちろん負の側面があります。しかし、一方で、プラスの面もあります。『作戦要務令』の冒頭の「綱領」にある箇所を読んでみましょう。

――凡そ兵戦の事たる独断を要するもの頗《すこぶ》る多し。而して独断は其の精神に於ては決して服従と相反するものにあらず。常に上官の意図を明察し、大局を判断して、状況の変化に応じ、自ら其の目的を達し得べき最良の方法を選び、以て機宜を制せざるべからず。（「綱領」第五）

佐藤　独断と服従は相反するものではない。上司の命令に従っている範囲での独断は、よい独断で、命令違反ではないということです。

命令を出した上司が想定していなかったようなことは、現代の企業のなかにおいても起きます。上司に指示を仰いでいる時間はないし、連絡の方法もない。そうしたら、上司は何を考えているかを忖度《そんたく》して、その上司の考えに反さない範囲において、指示されたことではなくて現状に応じて与えられた任務を遂行する。状況によっては命令と違うことをやるけれども、大枠では上司だったらこの変化にどう対応するかを自分で判断してやればいい。これが独断専行であって、下克上とは違います。

だから、独断専行というのは組織にとって命ともいうべきものです。中間管理職でも、もし上司になったらどういう行動を取るかという発想をつねに持ってやれるかというのはとても重要です。独断専行ができないようなら、指示待ち人間とみなされます。ただ、上司の考えに反することをしたらいけない。そこで「うまくやる」ということが重要になってきます。

この「綱領」の第十のところには、指揮官は組織の中枢であり、核心であるから、職務を遂行する責任感が重要で、逃げないことが重要だとあります。それにつづいて、「為さざると遅疑するとは、指揮官の最も戒むべき所とす」。不作為、それから決断が遅れるのがもっともいけないことだと書かれています。

こうなってくると、逆に不作為、決断の遅れが生じないためには、広く独断専行を認めるしかありません。

世界のこの種のマニュアルのなかでも、これほど明示的に独断専行を称揚しているのは珍しい。外国といっても私の知っている範囲は英米とロシアとイスラエルぐらいだけれども、独断専行はやはり非常に嫌がられる。要するに、独断専行ではなくて、明確な枠のマンデート（委任された権限）を与えて、そのなかで行動させる。だから、「うまくやれ」というのはあまりない。権限が非常にはっきりしていて、そのなかでの裁量が与えられているということが多いです。ただ、中東や中国の軍隊、組織は意外と独断専行があるかもしれません。

「うまくやれ」といった組織文化が、近代以降これだけ高度に発達した資本主義において残っているというのは、やはりおもしろい。このことは意外と日本にとって有利な点かもしれないけれども、問題は、コンプライアンスといった発想とはなじまないことです。独断専行をうまくやりぬく一つの方法は、組織の幹部の後ろ盾をもつことです。独断専行にはちがいないけれども、彼らのやることだからいいだろう、という具合に納得させられるかどうかにかかっています。

そうすると、独断専行をやる人というのは、突出して異常な人ではなく、人たらし型です。必ず上、外に有力者の味方をもっています。

戦前の軍部もそうですが、外務省でも独断専行で何かをやる人間というのは、社交的で、自分が所属する部局の外にも味方をもっている。人たらしだし、根回し上手です。独断専行というのは結局のところ、何かをバイパスするということです。方向性において企業なり国家が狙っていることと違う方向だったら、独断専行はできません。言い換えると、ショートカットの力です。

独断専行できる人間というのは、中堅だけれども、じつは幹部クラスの見識があるといえます。独断専行が問題になるのは、権限と能力に乖離《かいり》がある場合です。つまり、夜郎自大なかたちで、自分は能力があると勘違いしている人間なのかどうかということです。結論から言うと、勘違いしている人間というのは、組織につぶされます。辻政信みたいな人間が、なぜ独断専行をできるのかというと、やはり彼の能力が陸軍組織によって高く信頼されていたからです。

ヒエラルキーを維持しながら、能力のある者を実質的に登用するというのは、日本のメカニズムです。だから、『作戦要務令』においても、独断専行を奨励するかたちになっています。それによって、事実上年次主義を乗り越えているわけです。若い者でもいい企画があれば、どんどん採用するよ、というのはよく見られる光景でしょう。

軍隊はそもそも上下関係を重んじる犬型の組織です。犬型の組織だと同質化現象が起こるので、何匹か自由奔放な猫のような存在が必要になってきます。

ビジネスに役立つヒント

この『作戦要務令』には、独断専行以外にも、皆さんが仕事をしていくうえで役に立ちそうなことが書かれています。もう少し読んでみます。

——敵の意表に出ずるは、機を制し勝を得るの要道なり。故に旺盛なる企図心と追随を許さざる創意と神速なる機動とを以て敵に臨み常に主動の位置に立ち全軍相戒めて厳に我が軍の企図を秘匿し困難なる地形及び天候をも克服し疾風迅雷《しっぷうじんらい》敵をして之に対応するの策なからしむること緊要なり。（「綱領」第九）

佐藤　とにかく意表を突く。意表を突かれた企画、行動だと、相手のほうは想定をしていないのでまずいと思い、その瞬間にバランスを失う。そのバランスを失ったときの人間というのは弱くなるから、そこにつけ込めという発想です。

——文書の記述は、為し得る限り簡明平易なるを要す。電文に於て特に然りとす。而して、其の長きものは適宜条を分かち、数字等を附して列記し、又一事件に関係するものは一条中に記載するを可とす。（以下略、第一部第二篇　指揮及連絡「文書記述ノ要則」第五十九）

佐藤　この項目は、報告書の作成や、上司にわかりやすいレポート、あるいは外国のパートナーにわかりやすいｅメールを送るときにもそのまま役に立ちます。

記述は凝った技巧ではなくて、主語と述語の対応をきちんとして、できるかぎり平明に書く。長いものを書くときには改行をする。段落を分けたところがはっきりするように「一、二、」と数字を書いていくという書き方をする。

それから、基本的に、一つの電報、すなわち一つのメール、一つの指示文書には一つのテーマしか書かない。指示が複数にわたる場合には複数の文書を書く。こういうふうにして指示文書を作成せよということです。

——命令、報告、通報の記述には、通信紙、その他適宜の用紙を使用するものとす。状況により横書きとなすことを得る。通信紙を使用せざる場合における命令の種類、番号、標題、発令時、発令地等の記述は左の要領に依る。（以下略、第一部第二篇　指揮及連絡「文書記

述ノ要則」第六十）

佐藤　自分が出す文書に、年ごとに、二〇一六年の何番といって通番を必ずつけておく。あるいは、会社のなかで出すのだったら、誰が発信者、起案者であるということを明記する、何月何日、誰宛てかということにして、「一、二、三、四、」という文書にして、それを蓄積しておくと、後でどういう意思決定がおこなわれたかという検証ができる。皆さんも実行してみると役に立つと思います。

こういうような、日本の組織で使われている合理的なやりとりや文書の書き方の基本のマニュアルが書かれているのも特徴です。日本外務省の文書は公電（公務で用いる電報）でも決裁書でもこのスタイルで書かれています。

この方式は、横書きを可とするとあるように、必ずしも日本独特のものではありませんん。ただ、外国の報告様式を全部集めてきて、その結果、こういうような報告のやり方は合理的だということを示しています。

様式は国によって違います。「一、二、三、四、」と番号がついていないスタイルのところもあるし、ざーっと散文調で書いている、手紙調で書いているところもある。報告文書というのはいろいろな書き方がある。

ドイツなどで多いと思うけれども、最初に結論を書くというかたちもあります。日本の場合は、ある意味では日本の伝統に合わせて、行政文書とか企業の指示文書にはほんとうはあまりなじまないけれども、「一、二、三、四、」と番号をつけていくなかにおいては起承転結的な記述を避けるという思惑もあるのだろうと思います。

この『作戦要務令』を読んでいると、他にもたとえば、日本は兵站《へいたん》（ロジスティックス）がだめだったということが言われているけれども、必ずしもそうではないということがわかります。諜報に関する記述も、情報収集や評価分析を分けるとか、そういった基礎は非常によくできています。

生き残るためのノウハウ

今回の講義では、日本の組織は、独断専行を組織のなかに埋め込んで、それによって個人のイニシアチブなりグループのイニシアチブをうまく発揮させる、こういうような仕組みになっていることを見てきました。このやり方で、第二次世界大戦に敗北するまではとりあえずうまく回っていた。

そうすると、第二次世界大戦の敗北を日本のなかの例外的な事象と見るのか、それとも日本の構造が抱える普遍的な欠陥と見るのかによって、独断専行に関する見方も変わってきます。しかし、戦後の日本企業においては、上手に独断専行した人間ほど上に上がっていっているというのはまちがいありません。

これは、いい悪いの問題ではありません。私の関心というのは、日本の組織文化がこのテキストから読み取れることにあります。裏返して言うと、この独断専行の方法を身につけておけば、集団の競争のなかでは非常に有利な地位に立てる。ただ、埋め込まれているやり方だから、通常の社員教育とか役所の教育では「独断専行をやれ」というようなことは絶対に言わない。しかしそれは、「工夫しろ」とか「うまくやれ」とか、そういうような言葉で出てくる。

「うまくやれ」という指示があったときに、何かミスをすることは考えられます。そうすると、組織は、「君のどこに問題があるか、自分の胸に聞いてみろ」といって、まず反省文を書かせるのはよく見られる光景です。反省文を何回か書かされているうちに、具体的な問題点が見えてきて、何度も反省文を書かされて推敲しているうちに、どんどんいい反省文になってくる。気づいてみると、みずからの罪を自白することになってしまっていて、処分対象になるというのがだいたいのパターンです。だから、反省文は書かないほうがいい（笑）。

それで、「うまくいかない。これはまずい。ミスったな」と思ったら、どこにミスがあるのかと考えて、適宜、それを上司にかぶせる、段階的に報告をするなどすべきです。生き残っている人はだいたいそういったノウハウにたけています。

　こういうテーマを扱うと、私などは、外務省で独断専行をした結果、トカゲの尻尾切りに遭ってしまったのではないか、やはり独断専行はしないほうがいいのではないかと思う人もいるかもしれません。

　私の場合は、政治ということが関係して、外務省組織のなかだけで動いていたという話ではないので、独断専行とは違います。

　しかし、トカゲの尻尾切りについていえば、重要なのは、尻尾が切れたかどうかということです。尻尾は切れかけた。ところが、佐藤優の場合は、切れない尻尾で、そこの傷口から外務省は敗血症みたいな状態になりかけている（笑）。敗血症は痛いから、全身がぴくぴくと震える。一回尻尾を切り損なって怖い目に遭うと、二度と尻尾を切ろうとすることはありません。


（二〇一六年一月一九日）

第一章文献ガイド

大橋武夫解説『統帥綱領』建帛社、一九七二年
大橋武夫解説『作戦要務令』建帛社、一九七六年
『作戦要務令』尚兵館、一九四〇年

第二章　ビジネスパーソンのための宗教入門

——国際社会を動かす論理を体得する

プロテスタンティズムという思考の鋳型

佐藤　外国の企業と仕事をしたり、あるいは外資系企業で働くビジネスパーソンの数はますます増えています。ビジネスパーソンにとって、国際社会で活動をしていくうえで、欠かせないのが宗教、なかでもキリスト教の本流に対する理解です。

その本流とは何か。たとえば近代的な人権や主権国家はキリスト教を土台にしているから、それがわからないと現代そのものを理解できないということ、キリスト教はイエス・キリストがつくった宗教ではなくて、イエス・キリストと会ったこともないパウロという人がつくった宗教です。こういった本筋をつかむうえで役に立つのが橋爪大三郎《はしづめだいさぶろう》さんと大澤真幸《おおさわまさち》さんの『ふしぎなキリスト教』（講談社現代新書）です。

さて、今日のテーマは、大きく分けて三つになります。

まず、生活に埋め込まれた宗教ということで、我々の宗教性を理解してもらうために、紅白歌合戦、七五三、戦前の国家神道、そして、シンクレチズム（宗教混合）という話をします。つぎに、一神教としてのユダヤ教、キリスト教、イスラムをざっと扱い、最後にキリスト教を扱います。

プレモダンなキリスト教として、カトリシズムや正教もありますが、私がウエイトを置くのはプロテスタンティズムです。それは、私がプロテスタントだからということは関係ない。仕事で役に立ち、かつ現在の社会の基本にあるのはプロテスタンティズムだからです。エリートは世俗化されたかたちであれ、プロテスタンティズムの論理にもとづいて思考し、行動しています。その論理を体得することが必要ということです。

結論から言うと、プロテスタンティズム、なかんずくカルバン派は、人は生まれる前から、救われる人は選ばれていて、天国のノートに名前が載っていると考える。同時に、生まれる前から、滅びに至る人も天国のノートに記されている。しかし、そのことを我々は知ることはできない。

現実の生活においてさまざまな試練がある。しかし、自分は選ばれている人間だという確信を持っているから、どんな試練も乗り切ることができ、最終的には、「ああ、これでよかったんだ」という人生を歩むことができると考える。いわば刷り込みです。だから、プロテスタントの人たちは、苦しみながら最期を迎えたとしても、ふりかえって自分の人生はよかったと思って死ぬ。そういう刷り込みがあるから、特に逆境に強い。どんな逆境にあっても、それは神の試練であって、救われることが前提になっている。教会に行くことも、自分が教会に来させられていると考える。

いずれにしろ、金融をはじめビジネスの世界で成功している人には、このような刷り込みがあることは知っておいていい。ちなみに米国のドナルド・トランプ大統領は長老派（カルバン派）です。

ただ、この論理は裏返して言うと、「イスラム国」（IS）、アルカイダに通ずるものです。自分たちは完全に選ばれていて、絶対に正しくて、勝利は保証されている。あるいは、我々は絶対に正しくて革命は成就するから、一時的な試練も勝利のためだという革マル派、中核派の人たちの発想にも通じるものです。こういう目的論的な強力なエネルギーはプロテスタンティズムから出てくる。世の中にはそういう思考の鋳型があるということです。

関係のなかから超越的なものが生まれる

世の中にはさまざまな宗教があります。宗教はラテン語で「religio」といいます。この語には結びつけるという意味があります。なぜ宗教があるのかといえば、人間に限界があるから。もちろん人間に限界はないという考え方もある。人類はどんどん発達して、いくらでも可能性を開拓していくことができる。しかしそうだとしても、当面我々は死の壁を乗り越えることができない。死は確実に来るわけです。そこのところから、人間は、超越的なるもの、死の向こう側について考えざるをえなくなる。

ここで確認しておかなくてはいけないのは、宗教は例外なく人間がつくったということです。神が人間をつくったとか、あるいは仏の縁《えにし》によって人間がつくられているというのは、人間の思想的な操作です。

では、人間のなかでどうして宗教的なるものが出てくるのか。そのことについて、上手に説明しているのが、東京大学教養学部で科学哲学を教えていた廣松渉《ひろまつわたる》です。『世界の共同主観的存在構造』は、彼が三〇代の若いときに出した非常にいい論文集で、単行本は勁草書房、文庫は講談社学術文庫に入っています。これを読みこなすことができれば、フッサールという哲学者の現象学の考え方、ハイデガーの存在論、二〇世紀の知の巨人たちの考え方を知ることができる、お薦めの本です。

廣松の説明によれば、人間と人間の関係のなかから超越的なるものが出てくる。信頼や、恋愛はまさに超越性です。相手が信用できるという根拠はまったくない。しかし、それを信頼したりするということは、そのなかに宗教的なるものがあるわけです。

『愚管抄』と『神皇正統記』――グローバリゼーションをめぐって

さて、宗教にはそれぞれ民族的なるものがあります。我々日本の宗教について知りたいのであれば、どうすればよいか。まず紹介したいのは、鎌倉初期に天台座主の座にいた慈《じ》円《えん》（慈鎮《じちん》）の書いた『愚管抄《ぐかんしょう》』です。当時の知が凝縮された、まさに総合知の本です。

皆さん、ここで質問です。京都御所から比叡山はどの方向にありますか。北東ですね。北東というのは、丑寅《うしとら》になる。これは鬼門です。鬼というと、つい角が生えている赤鬼、青鬼を思い浮かべますが、このイメージはかなり後世のものです。平安時代初期ぐらいまでの鬼はまだ角が生えていないし、隠れている。姿は見えないけれども悪さをするのが鬼だったのです。鬼門である丑寅の方向からありとあらゆる悪いもの、見えないけれども悪さをするものがおりてくる。京都に悪影響を与えることを防ぐためにつくられたのが延暦寺ということになります。

当時、宗教の力はすなわち理論の力でした。だから、天台座主というのは日本最高の理論家、体制のイデオロギーでした。この天台座主だった慈円の『愚管抄』は、いまはあまり読まれなくなっていますが、日本人の宗教性を考えるうえでとても重要です。中央公論社のシリーズ「日本の名著」のなかで、これから紹介する北畠親房《きたばたけちかふさ》の『神皇正統記《じんのうしょうとうき》』とセットになった巻があります。この二作を読むと、近代につながる日本人の宗教性についてはほとんどわかります。

『愚管抄』はグローバリゼーションの本です。当時の日本にとって、グローバルスタンダードとは中華秩序でした。中国の『礼記《らいき》』のなかに百王説というのがあります。すべての王朝は一〇〇代目を超えたあとは必ず滅びるという下降史観ともいうべきものです。そうした考えは日本にも及んでいて、この『愚管抄』のなかに認められます。『愚管抄』の当時、天皇は八四代目、あと一六代でこの王朝は滅びる。これは普遍法則だから、我々は逃れることができない。だから、それに備えて、中国の秩序、中国のルールをきちんと習得することが日本の生き残りの道だと考えるのです。

この『愚管抄』は、鎌倉時代初期に書かれた本なので、たとえば、武士の誕生ということについても論じられています。天皇親政という建て前があるのに、なぜ武家が力をもったのか。なぜ平家が力をもって、その後、源氏が力をもったのか。『愚管抄』は、壇ノ浦の合戦を重視します。壇ノ浦の合戦で、天皇の正統たる証といえる三種の神器は海に沈みます。そのなかで勾玉《まがたま》は上がってきたけれども、剣は沈んだままになった。『愚管抄』は、それを天命と考えます。つまり天皇から剣が取り離された、だから、剣の機能というのはつかさつかさで武士集団が持つべきである、と理論化したのです。

これに対して異を唱えたのが南北朝時代に書かれた北畠親房『神皇正統記』です。「大《おお》日本《やまと》は神国《かみのくに》なり」という言葉ではじまります。日本の特徴は神道にあるけれども、神道は理論化ができない。それゆえに、他国の思想とくらべないと、日本の特徴はわからない。そういって、インド（天竺《てんじく》）、中国（震旦《しんたん》）、とくに中国との比較を重視します。

同じ漢字を使って、同じような古典テキストを重視しているけれども、我々は中国とどこが違うのか。中国は易姓《えきせい》革命、すなわち天の意思が変わったら地上の秩序も変わって王朝が交代する乱脈きわまりない国である。大日本《おおやまと》は神の国だから、王朝は変わらない。それだから天皇にも皇后にも姓がない。

北畠親房が注目するのは、武烈《ぶれつ》天皇と継体《けいたい》天皇の関係です。『日本書紀』では、武烈天皇は暴君、残虐な天皇として描かれています。武烈天皇には世継ぎは生まれなかった。当時、世継ぎができないというのは、天の意思にかなった政治をしていないことを意味しました。この場合、日本では中国とは異なるかたちでの易姓革命、放伐《ほうばつ》がおこなわれる。同じ天皇家という樹木のなかで、幹が枝になり、枝が幹になる、すなわち幹であった武烈天皇の系統はなくなり、枝であった部分が大きくなって継体天皇になった。

武烈・継体の関係は歴史実証的に見れば明らかに系統としては繋がっていないはずで、別王朝の誕生と見ることも可能です。しかし、日本はそういう神話では包摂しなかった。日本においては王朝交代がない。だから百王説は間違いで、グローバルスタンダードの論理、つまり易姓革命は一定の限定のもとでしか適用されない。グローバリゼーションは日本においては独自の変容を遂げるというのが『神皇正統記』の考え方です。いまは一時的に間違った人たちが権力をとっている。しかし、それは必ず正しい方向に戻ってくるという復古維新思想のテキストといえます。

カオスからコスモスへ——紅白歌合戦

さて、日本の論理であるところの神道はたしかに言語化するのを嫌います。そのためにひじょうに見えにくい。我らに埋め込まれた宗教というべきものは、わかりやすいところでいうと、例えば七五三です。宮参りというのは、習慣になっているけれども、そもそもは、汚《けが》れているものがあるから祓ってもらう。それによって健康を維持するということです。

ちなみに、キリスト教の罪は祓うことができません。本物の入れ墨と、プリントしたものを貼りつけただけの入れ墨は、いまの技術をもってすれば、表面上見ただけではあまり違いがない。ただ、本物の入れ墨をレーザーで落とすのはとてもたいへんです。キリスト教における罪というのは、レーザーを使っても落ちない入れ墨のようなものです。理不尽なことを強いる、論理を超えた、自己責任を超えた責任を負わせるのがキリスト教です。キリスト教というのは、絶対に誰も守ることができない倫理を強要して、全員を罪人に陥れていくという傾向がある。神道はそういう理不尽なことはしない。基本的には、みそぎや祓いによって人間の汚れはきれいになるわけです。

それがよくあらわれているのが「紅白歌合戦」です。「紅白歌合戦」自体は、「あの内容でなぜあれだけ視聴率がとれるのか」という意味で、お化け番組です。習慣だ云々と言うけれども、じつはその鍵は、番組が終わる午後一一時四五分にある。

ちなみに私は東京拘置所というところで修行していたでしょう。ラジオはいつも夜八時五五分に終わって、就寝の九時までの、残りの五分間だけなぜかCDが少しずつかかる。松山千春とか、中島みゆきとか、松任谷由実とか、五分間だけ音楽が流れる。しかし、たとえ曲の途中でも九時になると打ち切られて、翌日はその先から始まるという、不思議な世界です。ところが、大みそかだけは新年を迎えて一二時一五分まで放送がある。だから「紅白歌合戦」をフルに聞くことができる。

「紅白歌合戦」のポイントは、人為的にカオスをつくり出しているところにあります。大昔、とてつもなくフレームのでかい眼鏡をかけたアナウンサーが応援団とかいって視聴者がドン引きするほど騒ぎ立てる。そうしておいて、「蛍の光」を歌って、一一時四五分になると、画面がきり替わって、「滋賀三井寺《みいでら》です」などというナレーションがあって、鐘の音が鳴る。まさにカオスからコスモスをつくり出しているわけです。わざと騒ぎ立てて、その後静かな秩序をつくることによって、創造をくりかえす。お正月になると私たちは新しくなる。昔は、大みそかを越えたら借金を返さなくてよかった。だから、大みそかは必死になって借金を取り立てに行った。そういったことを含めて、新しくなるという感覚があるのです。

ロシアやヨーロッパやアメリカも、新年の祝いはするけれども、新しくなったという感覚はない。年をまた一つ越えた。日本はこの空気を利用して、学習計画は必ず一月、あるいは新年度の四月に立てる。そういう節目があるというのが、じつはその民族集団が持っている宗教性と関わっています。

国教は習慣というかたちをとる

一見宗教という形態をとらない、生活に埋め込まれている宗教は、いろんな年中行事にあらわれてきます。だから習慣に近づいてくる。国教というのは必ず習慣というかたちをとります。例えば戦前における日本の国家神道はじつは宗教ではないとされていました。国家神道は宗教ではなく、日本の臣民の慣習だった。だから、神社には行かないといけなかった。靖国神社や明治神宮の横を通るときは頭を下げないといけなかった。

戦前、神社で頭を下げるのは異教の神に頭を下げることだというので、カトリック系である暁星中学と上智大学の学生が靖国神社の参拝を拒否したことがありました。そうしたら軍部がかんかんになり、日本のカトリック教会は震え上がって、神社参拝は可能かどうかバチカンにお伺いを立てています。バチカンからは、民族の習慣だから可能であるという回答がかえってきたけれども、戦前の陸軍はへそを曲げて、暁星中学と上智大学には軍事教練のための教官を送らなかった。そのために、ほかの大学の学生は軍事教練に合格したら兵役免除があるのに、暁星中学と上智大学の学生は兵役免除が認められなかった。その後、戦争がはじまると他の大学の免除も段階的に変わっていきますが、戦前、上智に入学するということは戦場に連れていかれることを意味したので、非常にリスクが高かった。一回反抗した者を軍は許さなかったのです。

今の日本でも国家宗教をつくる動きはあります。例えば靖国神社は神道だからけしからん、だから宗教的に中立な国立追悼施設を設置すべきだという人がいます。これはじつは恐ろしい話です。追悼という行為自体が宗教行為だから、そもそも中立的な施設はあり得ない。しかし、公明党ですらそれに好意的です。ということは、国家神道に抵抗した創価学会の伝統から学んでいるはずの公明党の人たちにしても、国教が習慣というかたちをとることに気づいていないわけです。日本基督教団にしてもそうです。

我々の場合、宗教に関する理解がなかなか難しい。無宗教だと言っても、文化庁の統計だと、各宗教団体の申告による信者数の合計は二億人程度になります。

日本では、生まれたときはお宮参り、七五三で神社に行って、結婚式はキリスト教でやって、お葬式は仏教というかたちで宗教をかえていくことができる。こういう、さまざまな宗教を受け入れるのを宗教混合（シンクレチズム）といいます。

このシンクレチズム的な土壌があると、外国の文物を受け入れるのは、非常に楽です。八百万《やおよろず》の神様がいるときに、キリスト教の神が来れば八〇〇万一番目に入れればいい。ダーヴィニズムが来れば八〇〇万二番目に入れればいい。そうやって、ありとあらゆるものを包摂できるのです。しかし、そうすることによって、何が絶対に正しいのか、あるいは私はこの信念によって動くという意識は希薄になって、長いものに巻かれろという感じになってくる、それが日本人の宗教観の特徴です。

一神教の思考法

このような特徴をもつ我々にとって、一神教的な、超越的なものがあると考える人たちの思考法を理解するのは難しいことです。「イスラム国」（ＩＳ）やアメリカのキリスト教根本主義者（ファンダメンタリスト）の考え方もそうですが、例えばロックフェラーに代表されるような富豪がなぜあれだけたくさんの寄附をするのかということも、我々にはわかりにくい。それは、超越的なるものという感覚が理解できていないからです。

ちなみに、一神教は偏狭で、多神教は寛容である、あるいはキリスト教よりも仏教が寛容であるということはまったく言えません。例えばオウム真理教も仏教の変種です。タイで内乱が起きるけれども、両勢力とも仏教徒です。キリスト教徒も、北アイルランドにおけるプロテスタントとカトリックの抗争がある。別にイスラムだけが好戦的なわけではない。

あるいは神道も、朝鮮半島との関係においては神社参拝を強要して、それに反対する朝鮮のキリスト教徒たちがたくさんいて、死者まで出た。もし日本が日韓併合後、朝鮮神宮の祭神を天照《あまてらす》としないで朝鮮神話の建国の祖である檀君《だんくん》にしていたら、流れは違っていたかもしれない。日韓併合は、日韓合邦、コンフェデレーション、国家連合だとする、シンボル操作ができたかもしれない。

いま述べたように、朝鮮半島の神話では、檀君が建国の父です。ちなみに、平壌の郊外には檀君陵があります。一九九〇年頃に、古い男女の骨がきれいなかたちで発掘され、北朝鮮は檀君とその妻のものと判定しました。いまや北朝鮮では、その檀君陵に拝みに行くことがとても重要になっています。

金日成《キムイルソン》の回想録『世紀とともに』(平壌・外国文出版社と雄山閣から邦訳が出ている)を読んでいると、北朝鮮のキリスト教徒の団体、朝鮮キリスト教徒連盟の人たちが、いままではエルサレムの方角を拝んでいたけれども、これからは檀君陵の方角を拝むことにしたという記述があります。

北朝鮮のイデオローグたちは、イスラム教徒がメッカに拝礼するように、キリスト教徒はエルサレムに拝礼していると思っているようです。北朝鮮はキリスト教を徹底的に弾圧したため、キリスト教徒がどういう行動様式をとるかわからなくなってしまったのです。だから、エルサレムの方に向かって拝んでいたのを、拝む方向を檀君陵に変えたという記述になる。檀君神話を上手に使った国家統合、つまりいまの金王朝は檀君という神話上の王様の末裔なんだというイデオロギー操作がおこなわれているということです。

天照と須佐之男

日本の当時の右翼の人たちのなかにも、天照は大和民族の祭神であって、朝鮮民族の祭神ではないというので、朝鮮に天照大神信仰を押しつけることに反対した人たちがいました。

ところで、埼玉県には氷川《ひかわ》神社とか日枝《ひえ》神社が多くあります。武蔵国一宮の氷川神社は、天照信仰ではなくて、須佐之男《すさのお》、大国主《おおくにぬし》信仰です。おそらく天照信仰を持つ人たちの前に日本の国家を支配していた集団の宗教で、出雲の系統になります。神話の世界では平和裏に国譲りをしたということになっている。しかし、地上は天照が守っているけれども、地下、闇の世界は須佐之男と大国主が支配し、天照の世界はつねに須佐之男、大国主の世界を恐れている。

神道系の新宗教は、須佐之男、大国主の表象をしています。その一つが大本《おおもと》（いわゆる大本教）です。大本というのは、戦前二回にわたる大弾圧を受けた日本の神道系の教団で、共産党より激しい弾圧を受けました。特に二回目の弾圧は、綾部と亀岡の神殿を大本の費用で、ダイナマイトで全部爆破して完全な更地にするという、徹底したものでした。

大本が受けた弾圧は、創価学会などの弾圧とは位相がちがいます。大本というのは、戦後は平和運動をおこなっているけれども、戦前は満州への進出も積極的におこなったし、時の政権以上に強く日本の軍国主義政策を推進した面もあります。大本の人たちはエスペラント語をマスターしたから、日本エスペラント協会のなかで大本の人たちの比率は高い。天照信仰の世界、すなわち伊勢神道の流れをくむ国家神道からすると、自分たちに近い論理で国策を過剰に推進しようとする大本の動きが、彼らは実際には別のことを考えている、権力を奪取しようとしていると見えたわけです。現在も出雲信仰は、日本において非常に重要な位置を占めています。

論理が発達する理由

さて、話を戻すと、宗教というのは、伝統宗教と非伝統宗教があります。いわゆる新宗教、新興宗教は近代になって生まれているので、じつはその構成は非常にモダン、近代的です。世界救世教にしても、天理教にしても、真光教《まひかり》にしても、創価学会も含めて、この種の新宗教は会館も比較的モダンなかたちであるし、教義体系も合理性を重視している。

一見非合理に見える真光教あるいは世界救世教の手かざしはどうか。手かざしによって何かが治るというのは、因があれば果があるという意味で、明確な因果関係がありますす。ある人が手かざしをした場合に効果があって、ある人のときはまったく効果がないということではなくて、ある種のきちんとした技法を手に入れれば効果があるということです。そういう構成をとる場合は近代科学に近くなる。近代主義的な構成になります。

これに対して、キリスト教はそうではない。カインが春から秋まで一生懸命働いてつくった穀物を祭壇に積んだけれども、神は風を吹かせて全部吹き散らす。アベルが羊を割いて置いたら、すごく喜んだ。なぜ、このような違いが生じたかといえば、神様がたまたまそういう機嫌だったからです。

ユダヤ教もそうですが、キリスト教の神様は、自分がつくったものだから、自分が壊すのも勝手という論理を主張することがあります。「おい、最近おまえら悪事を重ねているな。こういうつもりでつくったんじゃないから皆殺しにする。洪水を起こす。しかし、おまえはいいやつだから、おまえの仲間だけは助けてやる」というノアの方舟の話なんかもあるでしょう。

ちなみに、このノアの方舟の場面で、神様は、もう二度と人類を滅ぼさないと約束をし、その契約の証に虹をかけます。中国では虹は天が怒っていることを意味しました。だから、虹があらわれると権力が崩壊する兆候と受け止められます。虹が平和のシンボルだというのは、日本でも明治期以降キリスト教の影響が強まってからです。それまで虹に対してあまりいいイメージはありません。

ここで言いたいのは、なぜユダヤ教やキリスト教の世界で、特にユダヤ教の世界で論理が発達するかということです。それは、預言者は神様に呼ばれてつねに議論をしないといけないからです。人間側と神様の側の過去の対戦成績は、人間側が全勝です。なぜか。神様が一度でも勝てば我々はここにいないはずです。さまざまな問題があっても、神様が最後に翻意して、やはり人間を生き残らせようかという決断をする。そういう物語の構成になっているから、論理というのは死活的に重要なのです。神様は、黙って心を察してくれるということはない。必ず口に出して説明しないと、言うことを聞いてくれないというのが、ユダヤ教とキリスト教の神様です。

ユダヤ教、キリスト教、イスラムの「罪」

さて、一神教というと、基本的にはユダヤ教とキリスト教と、それにイスラムを加えます。しかし、ここのところはよく吟味したほうがいい。イスラムが徹底した一神教であることはまちがいありません。しかし、イスラムで想定するところの神は、ユダヤ教、キリスト教で想定するところの神と一緒かというと、私はだいぶ距離があると思います。それは罪に対する感覚が違うからです。

イスラムの罪は、洗い流せばすぐに落ちる程度の汚れで、罪の感覚は非常に薄い。神と人間がストレートにくっついています。例えばこの講義を私が一五分おくれてはじめたとする。もし私がイスラム教徒だったら、一言目に「アッラーを恨むな」と言ってはじめるでしょう。一五分おくれて来たのは、アッラーが私がここに来るのを一五分おくれさせたからだ、それについてあなたたちが恨むとアッラーを恨むことになるから、私を恨むんじゃない、わかったなと。

橋爪さんと大澤さんの『ふしぎなキリスト教』だと、ユダヤ教は原罪概念がないと言っているけれども、この判断は難しいところです。たしかにユダヤ教の主流派では、原罪の概念はないにしても、罪の概念はある。しかも、それが人間にかなり初期の段階から備わっているという認識はあるから、論理構成を見るならば、限りなく原罪に近い罪の概念がユダヤ教にはある。罪の概念があると、自分は罪を持っているから、自分のやっていることはまちがっているかもしれないという意識がつねにある。

ユダヤ教、キリスト教的発想では、私は絶対に正しいと思うけれども、絶対に正しいと考えている私がまちがっている可能性があることになる。それに対してイスラム的な発想だと、私は絶対に正しい、おまえは絶対にまちがっているとなる。だから、同じ「絶対に正しい」と考える人たちであっても、自分がまちがっている可能性があるということが原理的に埋め込まれているかどうかが、イスラムと、ユダヤ教、キリスト教の大きな違いになります。

これは、日常生活においてはたいした違いではありません。一神教というのは基本的には自分と神様との関係が重要なので、その意味では、自分以外には無関心、それ故に寛容です。だから、エルサレムに行くと、カトリックの教会もあれば、正教の教会もあり、ユダヤ教のシナゴーグもあり、イスラムのモスクもあり、シーア派もスンナ派もいる。キリスト教も、いわゆる主流派のカルケドン派ではないヤコブ派やマロン派とか、コプト教会もあるし、アルメニアの教会もある。紛争はかつては偶発的にしか起きなかったし、今みたいにイスラムとユダヤ教の関係がおかしくなったのはイスラエル独立後の話です。

ユダヤ教徒に、キリスト教の教義をどのぐらい知っているかと聞いても、あるいは正教会の人にアルメニアのキリスト教はどういうことを考えているかと聞いても、まったく知らないし、関心もない。要するに、自分と神様の関係だけしか関心がないから、ほかの人は何を信じているかということについても関心がない。

だから、キリスト教、一神教が非寛容で、多神教が寛容であるというのは、一神教の歴史からしても、論理からしても成り立ちません。

一神教が非寛容になっていくのは、大航海時代以降、帝国主義の流れが出てきてからです。特定の文明を拡大していこうというなかにおいて、キリスト教と文明が同一視されたことによって起きてくる現象です。だから、むしろ帝国主義の文脈のなかで考えたほうがいい。時代も、規模も異なるけれども、じつは十字軍もその文脈で見るとわかりやすい。十字軍の基本的な目的は財宝を取りに行くことでした。実際、イスラムよりも正教会のほうが財産を持っていたので、十字軍は、イスラムと戦うよりも、むしろコンスタンチノープルの正教会との戦いにウエイトを置いていたのです。

プレモダンとしてのカトリックと正教

キリスト教において、プロテスタント、カトリック、正教と分けると、基本的にはカトリシズムと正教はプレモダンな宗教です。近代より以前の世界観を重視します。地球は平らで、ジブラルタルの先あたりに行ったら越えられないような滝があって、そこから落ちていくし、天には神様がいると信じているというような世界像です。しかし、そういうプレモダンがゆえの強さをもっています。

我々近代文明は、いまモダンな発想の限界に来ています。ポストモダンの状況が生まれているなかで、むしろプレモダンのほうが対応できるということがあるわけです。

例えば地球生態系です。原発はどうするのか、原爆みたいなものをつくっていいのか、プルトニウムみたいなものを取り出していいのか。カトリックでは、神様がつくった秩序に反するから原則認めません。神様がつくった秩序は完全だから、基本的に進歩なんていうのはない。だから、人間の生命も、セックスは契機の一つにすぎなくて、生命ができるということは神様の意図だから、中絶も認めない。これはプレモダンな発想に基づいています。

五人に一人の子ども、六人に一人の子どもがご飯を食べられないような貧困状態だったら、助けてあげないといけない。イエスはみんなに平等にパンを配って晩餐をしたし、パンが五つ、魚が二匹しかなくても五〇〇〇人がお腹を満たしたじゃないか、そのように我々は持っているものを配らないといけない。だからマザーテレサのような人も出てくる。

カトリシズムの場合は教会が唯一の救いです。教会に入ればどんな人でも絶対に救われるという確信を持っています。

復活という現象

キリスト教はもともとユダヤ教を母体に生まれています。イエス自身は、自分のことをキリスト教徒とは思っていない。イエスは自分をユダヤ教の改革者と思っていた。

イエスが「まむしのやからよ」などと悪口をたくさん言っているパリサイ派（新共同訳聖書ではファリサイ）という人たちがいます。第三者的、客観的に見ると、イエスはパリサイ派です。パリサイ派は職人が多かったですが、イエスは大工です。それから、彼の言説、立法観もパリサイと共有の認識をしています。国家との緊張関係もパリサイ派に特有なものです。

イエス自身は、「私はすぐに来る」と言って死んだ後三日目に復活する。死んだ人間が復活するものかと思うかもしれませんが、復活自体は古代においてはそんなに珍しいことではありません。問題は具体的な死体が復活したということです。

素朴実在論の世界においてですが、古代に復活というのは日常的にありました。我々は夢のなかで何かを見ます。そのことが現実で起きることもある。古代人においてはその原理が一緒です。『源氏物語』では、六条御息所《ろくじょうのみやすどころ》の怨霊などがたいへんな影響を及ぼします。六条御息所の怨霊が出てくるというのは、現代の感覚では、光源氏は浮気ばかりしているから六条御息所の夢を見る、となります。しかし、古代において、夢を見ることとその人が具体的に出てくることはまったく同格です。だから、キリストが復活したというのも、キリストの夢を見れば、それは復活したということで、素朴実在論の世界においては復活自体珍しい現象ではありません。

キリスト教共同体

さて、カトリシズムはローマ法という法律が宗教です。合意は拘束するというのが近代社会の原理になっています。カトリックが支配した西ローマの法、ローマ法では、「合意は拘束する」としましたが、同じキリスト教でも、西ローマ以外では異なってきます。例えばギリシャ古典劇を読むと、たしかに口では誓ったが、心は誓いにはとらわれていないといった話が出てきます。ロシアは東ローマ帝国の末裔ですが、ユダヤ、キリスト教の一神教の伝統を持っている。ギリシャ古典哲学の伝統を持っている。しかし、ローマ法が非常に希薄です。ロシア人は法律の論理が嫌いです。人間は、神秘的な力によって、特に聖霊の力によって救済されるとロシア正教は考えるわけです。

ローマ法というのはじつは宗教で、結局はその宗教が近代法になっているのです。それと、ユダヤ、ヘブライ的な一神教と、さらにギリシャ古典哲学、本来異質なものがアマルガム状になっている。サラダボウルみたいに具材が寄せ集められているのだったら分類できるけれども、合金になってしまっている。一つの文化総合、言い換えればヨーロッパ社会の精神になっているのがカトリシズムです。キリスト教研究の用語では、キリスト教共同体、キリストの体（コルプス・クリスティアヌス）といいます。

父、子、聖霊——三一論

キリスト教の議論に三一論（三位一体論）があります。この三一論はキリスト教の特徴です。この三一論が、非キリスト教徒にとってはよくわからない。また、イエス・キリストは人であり神であるけれども、その両者の関係がどうなっているかというのもじつはよくわからない。キリスト教の思想の一番根幹であるところの三一論とキリスト論が曖昧なままなのです。裏返すと、曖昧だからキリスト教という傘が維持され、数億の人たちが傘の下にいることができる。もしこれを明確につき詰めることがあれば、キリスト教はばらばらになって分解してしまうかもしれない。

フィリオクェといわれる非常に難しい神学的な議論があります。「フィリオ」というのは「息子」、「クェ」というのは「アンド」で、「子からも」という議論です。これは話をするとえらくしち面倒になるので、かいつまんで言うと、キリスト教というのは、聖霊は父、子（キリスト）から発出するという議論です。父、子、聖霊がどういう関係にあるかということは過去一七〇〇年ぐらい議論して、暫定的な結論は出ているけれども、最終的な結論は出ていない。

正統派のキリスト教というのは、もともとはニカイア・コンスタンティノポリス信条とカルケドン信条というキリスト教の基本文書を共有していることが条件です。ニカイア・コンスタンティノポリス信条には「聖霊は父より発出する」と書いてある。父より発出するということならば、父からどこにでも行くわけです。そうすると、日本人のほとんどはキリスト教徒ではないけれども、聖霊の力というのはダイレクトに人びと、つまりキリスト教徒以外の人にも働くことになる。

それに対してカトリック教会は、父だけでなく子からも聖霊が発出するという立場です。子というのはイエス・キリストのことです。しかし、イエス・キリストは死んだ。そして復活して一時、地上に現れた後、「私はすぐに来る」と言って天に昇っていった。では、子はどこに行っているか。教会はキリストの花嫁と言われているように、キリストは教会にいるのです。だから、教会に集まってくる人にしか聖霊は適用されない。聖霊は自然には及ばなくなる。自然は歩いて教会に来ることができません。

我々は父について直接知ることはできない。子を通じてしか父について知ることができない。キリスト教徒が「この一言の感謝と祈りを、とうとき我らが主イエス・キリストの御名を通して御前におささげします」と言うのは、ストレートに神様におささげすることができないからです。イエス・キリストを通じてしかささげられない。そうすると、カトリックでは教会を経由するかたちで聖霊は動く。教会に聖霊は限定されるわけです。そうしたら、「教会のみ御救いをなし」で、組織重視になる。

正教会は、神が人になるということは、人が神になることだと考える。だから、修道の力によって、禁欲生活を続けることによって神に近づくことは正教会では可能です。それを世俗化してみると、我々は聖霊を持っているから、我々の力で完全に理想的な社会や国家をつくることが可能になる。人が神になっていくことが可能だからです。こういうかたちでロシア革命のような壮大な実験がおこなわれたのです。現代のロシアもシリアなどに侵攻していくときには、我々には歴史的な使命があるという感覚を持っています。特にシリアには同じ正教で、似たような聖霊理解をしているキリスト教徒がいて、そのキリスト教徒を守らないといけない。そうなると、我々は神のためにやらないといけない、といって神に直結していくことになりやすいのです。

カトリックは、バチカンを中心として、普遍主義的です。ミサではラテン語を用いています。正教会は昔から個別の民族の言語に聖書を翻訳して、儀式は全部民族言語でやる。だから国家と結びつきやすい。結論からいうと、国家のサブシステムになりやすい。だから、つねに正教会は自らが所属する国家を支持することになるのです。

ロシア正教とカトリックの和解に隠されたテーマ

この三一論の議論は難しいですが、こういったことがわかっていると、国際ニュースの背景がよくわかるようになります。

二〇一六年二月に、キューバでローマ教皇フランシスコとロシア正教会のキリル一世が会いました。一〇五四年に東西教会が分裂して、それ以降初めての東西和解だと見出しをつけた新聞もありましたが、これは間違いです。こういう記事を書いた記者は、キリスト教史の基本的な知識に欠けています。一九六四年に、当時のローマ教皇がコンスタンティノポリスの総主教（世界総主教）と会談して、東西教会は和解しています。

正教はカトリック教会のようなかたちでのヒエラルキーにはなっていません。要するにカトリック教会は銀行と同じつくりで、ローマ教皇は代表権を持っている代表取締役兼会長で、それを頂点にヒエラルキーができています。それに対して、正教会は商店会です。文房具屋さんと洋品店とラーメン屋さんと、それぞれが商店会に加盟しているけれども、商店会会長に指揮・命令権はありません。商店会の会長のような役割をコンスタンティノポリスの総主教が世界総主教という名でおこなっています。だから、商店会の文房具屋さんが会長だからといってラーメン屋さんに何を売れとか売るなとか指示できないのと同じで、各教会についての権限はありません。そういったことがわかっていないので、ロシア正教会の言い分だけを聞いて歴史的な和解などと言って話を大きくしているのです。

今回の対話に隠されているテーマは、じつはウクライナです。「イスラム国」の問題は二次的です。

一五一七年、ルターの宗教改革がはじまると、その影響がチェコ、ハンガリー、ポーランドにも強く及びます。そのことに危機感を覚えたカトリック教会は、トリエントで公会議をおこなってカトリック教会の構成を変えるとともに、腐敗を一掃して教皇直属の軍隊をつくります。この軍隊がイエズス会です。そしてこのイエズス会がプロテスタント討伐をめざして、ヨーロッパで戦争をはじめます。問題は、イエズス会は強過ぎたことで、チェコやハンガリー、ポーランドを席巻するのみならず、ベラルーシやウクライナまで入っていってしまった。ベラルーシやウクライナは、ロシア正教の世界です。ロシア正教の人たちは、改宗を嫌がりました。

ロシア正教会は、神父がキャリア組とノンキャリア組に分かれます。ノンキャリア組

（在俗司祭）は結婚できて、キャリア組（修道司祭）は結婚できません。カトリック教会は全員結婚できませんが、プロテスタント教会は全員結婚できます。正教会の場合は、ノンキャリア組のトップとキャリア組のびりがちょうど同じ階級になるようになっています。霞が関のキャリアシステムに似ています。

他にも、イコン（聖画像）を拝むかどうかや、神父の服といったことを見てもロシア正教とカトリック教会では違います。そこでローマ教会は、二つだけ譲歩するように頼みます。一つは、ローマ教皇が一番偉いということ（教皇首位権）。そして、もう一つは、先ほど述べたフィリオクェについてです。正教会は「父、子、聖霊」のうち聖霊は父から発出するという立場だけれども、カトリック教会は父と子から聖霊が発出する。このカトリック教会の「子からも」（フィリオクェ）という立場を認めればいいということでつくられたのが、ユニエイト教会です。直訳すると統一教会ですが、日本語では何か独特な印象があるので、東方典礼カトリック教会、東方帰一教会などと言われています。

この教会がなぜ政治的な意味を持ってしまうかというと、この教会は西ウクライナで強く、ウクライナ民族主義の母体になっているからです。一九四五年、ソ連赤軍がウクライナを占領した二年後の一九四七年に、ユニエイト教会は「自発的に」ロシア正教会に合同しました。もちろん秘密警察が入ってきて、脅し上げてです。この教会と、ナチス・ドイツに協力したウクライナ独立運動の人たちが、一九五〇年代の真ん中ぐらいまでは、西ウクライナの山にこもって反ソ武装闘争をやっていました。だから、スターリンはこの教会を嫌いました。

その後、この地下教会、ユニエイト教会にもし所属して、バチカンとつながっていることがわかった場合には、軽くて七年ぐらい、ひどいと二五年くらいのシベリア流刑に遭いました。実際に、殉教者も出ています。

そうした経緯があったため、ウクライナ独立のときは、このユニエイト教会の権利を認めろということが、大きな要素になりました。現在の反ロシアのナショナリズム、それにドネツクやルガンスクなどでの対立の原因になった、西ウクライナ派の台頭の核になるのがこの教会なのです。

だからこの教会は、見た目は正教会、しかし実質はカトリックです。この教会を活動させるなというのがロシア正教会の要請だし、プーチンの考え方です。それに対してカトリック教会は、ウクライナだけでなくてロシアのなかでもこのユニエイト教会の活動を認めろという立場です。

二〇一六年に、この両者がキューバで会ったのはどういう意味を持つのか。キューバは無神論国家です。もちろん伝統的にカトリック教会が強いですが、政治的な影響力は限定的です。正教は関係ない、しかしロシアとの関係は強い。暴力団の抗争が起きたとき、どちらかの支配下では手打ちはやりません。それと同じで、キューバは、場所を貸して手打ちを手伝ったわけです。ウクライナについてはもうお互いに静かにしましょう、そのかわりイスラム過激派という共通の敵があるから、それに向けて団結しようではありませんかと、こういう枠組みをつくった、まさに政治そのものの会談だったのです。

二つのプロテスタンティズム

以上、プレモダンとしてのカトリック、正教会をごく簡単に説明しましたが、最後に取り上げるのがプロテスタンティズムです。

プロテスタンティズムは二つに分かれます。一つは、啓蒙主義以前、一六世紀から一八世紀にかけての古プロテスタンティズムです。プロテスタントを生み出した宗教改革運動は、カトリック教会があまりにも理論的に頭でっかちになって、組織が大きくなり過ぎて腐敗がひどいから、イエス・キリストに戻れと主張しました。復古維新運動といえるでしょう。乱暴にいえば、反動運動です。難しいことはよくわからないという人たちの運動で、とにかくイエス・キリストの時代に帰れというものです。こういう運動はかつてもありました。例えば中世後期のワルドー派です。

中世のカトリック教会では、教会の高位聖職者が「あなたは父なる神を信じますか」という質問をする。キリスト教徒だったら「はい」と答えます。「子なる神を信じますか」、これにも「はい」です。「聖霊なる神を信じますか」、当然「はい」。では、「キリストの母を信じますか」。これで「はい」と言ったら火あぶりです。

五世紀に、マリアは、キリストの母なのか、神の母なのかをめぐる大論争がありました。結局、神の母とするテオトコスという立場が正統とされて、キリストの母だというクリストトコスというのは永遠の異端に定められているからです。

中世のカトリック教会はそういう議論ばかりしていました。だから、それが救済と何の関係があるんだと多くのキリスト教徒が頭にきたわけです。

それから、みんなラテン語がわからない。何でわからない言葉でミサをやっているんだ、しかも、パンだけくれて、ワインを飲ませてくれない。キリストの血を床にこぼしたら失礼だろうと言って、自分たちだけでがばがば飲んでいる。それはおかしいと言ったのが一五世紀のボヘミアのヤン・フスです。説教はボヘミアの人びとの日常語であるチェコ語でやりましょう、ワインも信者に配りましょうとやったら大論争になって、フスは火あぶりにされてしまった。

神の場の転換

さて、我々にとって重要なのは、一八世紀以降、つまり啓蒙主義以降の近代プロテスタンティズムです。

ここで起きているのは神の場所の転換です。コペルニクス、ガリレオ以降、地球が世界の中心であるという考え、ましてや地球が平面で上と下があるという旧来的な世界観は維持できなくなりました。日本から見て上というのは、ブラジルから見たら下です。日本から見て下というのは、ブラジルから見て上だから、上にいる神というのは意味がない。そのために神の場の転換が起きる。この問題に取り組んだのがシュライエルマッハーという神学者です。

これまで古代中世の形而上学と結びついて、「上」にあると表象されてきた神が、心の中にいるという転換をシュライエルマッハーはおこないます。こうして、宇宙像と神の場を転換することに成功した。そこから神的なるものの価値の、人間的な価値への転換が容易になったわけです。

例えば人権思想もこの文脈で語ることができます。どういうことか。自然法は中世、古代においてもあります。ところが、自然は、不正で不平等で病気が蔓延しています。なぜかというと、地上と天上の関係はネガとポジのようなものだからです。原罪がある世界においてはすべてが逆になる。この世の中がすべて悪くなっているということは、天上がすばらしいところということの反映です。ところが、コペルニクス以降、天と地という秩序はないから、天が地におりてきて、天の秩序を地上で実現することができるという考え方になる。ですから、人権の思想の根幹にはこういう神権があるのです。

そうすると、人間の心の作用ということと神様が一緒になってしまう。自分の考えることこそが絶対といって、自己絶対化の道を歩んでいく。だから、近代的なプロテスタンティズムを理論化したシュライエルマッハーは、同時にロマン主義の母でもあり、ナショナリズムの母でもあります。

さらに、地上に価値観をおろしてきたことによって科学技術の発展に対する制約がなくなります。啓蒙主義というものが原則として認められる。啓蒙主義というのは、真っ暗いところにろうそくが一本ある。そうすると少し明るい。二本にすればもう少し明るくなるということで、本数をふやしていくほど明るくなる。このように知識がふえてくる。これがエンライトメント（enlightenment：啓蒙思想）です。

その結果、何が起きたか。一九世紀の終わりにおいて、人類は将来の社会をすごく楽観していた。地上に楽園をつくることは可能である、一部に社会問題、労働問題があるけれども、これを克服してすべての人が豊かに暮らすことができるし、疫病からも解放される、化学肥料が見つかったので我々は近未来に飢えからも解放される、人類にはばら色の未来があるはずである、そして、我々の文明は未開のアジアやアフリカにも及んで世界全体が幸せになるはずで、天国を地上に実現できるはずだと、こういう考え方が主流になってきました。ナポレオン戦争を最後に戦争の数もだんだん減ってきたということも関係しています。

危機の神学の登場

ところが、一九一四年に第一次世界大戦が勃発して、それが全部崩れてしまう。大量殺戮と大量破壊がくりひろげられ、科学技術の知恵が毒ガス、潜水艦、戦闘機のために使われて、到底人類の幸せに結びつきそうもない。

この状況から、人類というものは楽観的に考えられるようなものではないし、神は心の中にいると考えたのは間違いだったのではないか、もはや我々はコペルニクス、ガリレオ以降の世界観を否定することはできないけれども、もう一度外部を取り戻さないといけない。そのようにして生まれてきたのが弁証法神学です。

弁証法神学というのは、またの名前を「危機の神学」といいます。今日は時間切れでここまでですが、危機的な状況をどういうふうに打破していくかということに関しては、弁証法神学（危機の神学）のなかにたくさんのヒントがあります。この「危機の神学」の中心的存在がカール・バルトです。この人は、人を驚かせるような表現主義という独特の文体で書くから難しい。しかし、知的な影響はいまだ衰えていなくて、最近は柄谷行人さんがカール・バルトに関心を持っています。

（二〇一六年二月九日）

第二章文献ガイド

北畠親房（永原慶二、笠松宏至訳）『神皇正統記』（『日本の名著9』中央公論社、一九七一年所収）
金日成『世紀とともに』平壌・外国文出版社、一九九二～九八年／雄山閣、一九九二～九七年
慈円（大隅和雄訳）『愚管抄』（『日本の名著9』中央公論社、一九七一年所収）
橋爪大三郎・大澤真幸『ふしぎなキリスト教』講談社現代新書、二〇一一年
廣松渉『世界の共同主観的存在構造』勁草書房、一九七二年／講談社学術文庫、一九九一年

第三章　論理力を鍛える——論理的思考法の身につけ方

論理力を身につけるために

佐藤　今日は論理学の話です。この早朝講座で身につけてもらいたいことの一つは、論理的な思考法です。

最初に参考文献を三冊挙げておきます。東京大学の野矢茂樹《のやしげき》さんが書いた『論理学』(東京大学出版会)は、数学にあまり忌避反応のない人にお薦めです。東京大学の教養学部、それから専門課程で論理学を学ぶための教科書です。ほんとうに論理学を身につけたいのであれば、この本を本格的に勉強してもらうのが一番いいと思います。

ただ、野矢先生がある私立大学でこの『論理学』をテキストに使って授業をやったところ、みんな寝てしまうということがあったそうです。論理式のPやQが出てくるだけで抵抗を感じてしまうという。そこで、論理式をすべて外して、日常言語だけで授業をやり出したら、人気の授業になった。そのときの講義をもとに、あらためてつくったのが『論理トレーニング』です。ただ、練習問題の解答編がなかったので、その後『新版　論理トレーニング』にして丁寧に解答が書かれてあります。それから『論理トレーニング　101題』は、『論理トレーニング』と同じように、いろいろな問題を日常言語のなかから拾ってきています。

ビジネスパーソンの皆さんは、この『論理トレーニング　１０１題』と『新版　論理トレーニング』のどちらか一冊を端から端まで丁寧にやると、論理の力、つまり会社の書類を読むときの把握力、まちがえた文章を部下が書いてきたときにチェックする力を身につけるのに役に立ちます。上司の指示がおかしいことに気づく、あるいは説得力のあるプレゼンテーションをするための文章を書くということにも貢献します。

論理の崩れ

では、具体的にどういう内容になっているか。野矢茂樹『論理トレーニング　１０１題』が引用している『朝日新聞』に出てくる文章を、ちょっと読んでみてください。

――「清潔はビョーキだ」の著書がある東京医科歯科大の藤田《ふじた》紘一郎《こういちろう》教授（寄生虫学）も、座り派の増加について「清潔志向が行きすぎてアンバランスになってしまっている」と指摘する。「出たばかりの小便は雑菌もほとんどいない。その意味では水と同じぐらいきれいだ。なんで小便を毛嫌いするのか。ばい菌やにおいを退けすぎて、逆に生物としての人間本来の力を失いかけている一つの表れでないといいのですが」（朝日新聞、２０００年3月26日付朝刊）（二一ページ）

佐藤　この文章を読んで、違和感がありますか。どこか論理の問題があると感じますか。

——引っかかったのは、「出たばかりの小便は雑菌もほとんどいない」と言っているところ……。

佐藤　それが違うのではないかと。これは事実認定の問題ですね。これも論理学の重要なポイントですが、とりあえず脇に置いておきましょう。

この文章の論理が崩れているのがわかりますか。この筆者の考えでは、清潔志向の行き過ぎでアンバランスになってしまうと。お手洗いに男性で座る人が多い。小便が飛び散るのを嫌がると。

清潔志向が行き過ぎてアンバランスになっているということだったら、論理的には「多少不潔でも構わない」となるはずですね。しかし、文章には「出たばかりの小便は雑菌もほとんどいない。その意味では水と同じぐらいきれいだ」とあります。要するに、清潔の行き過ぎが問題なのだと言っているにもかかわらず、出たばかりの小便を嫌がらないでいいということの理由として、清潔だからだと言っているわけですね。首尾一貫していません。
こういう読み方を日常的にすると、嫌われます。でも普段からすっと読み流している文章のなかで、論理が崩れているものは結構あります。それに気づく能力、あるいはもっと悪用して論理を崩す能力が求められています。

接続詞の練習

重要なのは、こういう文章を何となく読み流してしまうのはなぜかということです。じつは、この文章には、接続詞が一つもありません。接続詞を入れると、論理の崩れがすぐにわかってしまいます。だから接続詞を入れる練習をするのが、論理的な思考法のトレーニングをする第一歩になります。

こういったトレーニングは自分でもできます。受験参考書のように、穴埋めでやりたければ、出口汪《でぐちひろし》さんが出した本はおすすめです。日本の民間宗教史に詳しい人だったら「出口」という名字を聞くと、ぴんとくると思いますが、出口王仁三郎《おにさぶろう》、大本教祖のひ孫です。大本というのは、女系です。息子さんの系統は継承しなかったので、出口さんはいま予備校の、現代文のカリスマ講師で、入学試験の国語の神様と言われています。彼の指導法だと、東大を含めてどのような大学の入学試験でも九割はとれます。

入試は採点できるものしか問題にならない。つまり、論理的な文章しか問題にならない。出口さんの見方では、大学受験レベルまでは、数学と国語は論理を扱っているという点で同じだそうです。そのなかで、言語を用いているのが国語ということで、論理として全部読んでいくという読み方をしています。この出口さんの学習参考書を一冊手に入れてもらってやっていただいても、論理の力はそのままつきます。

野矢さんの『論理トレーニング　101題』に戻りましょう。つぎの文章は、有名な国語学者の大野晋《おおのすすむ》さんの『日本語練習帳』（岩波新書）からとっています。

――近畿地方を中心に西日本では、女性や子供が一人称としてウチを使う。ウチは内であり、家《うち》であり、自分《うち》であるわけで、東京でも自分の家をウチといい、「ウチの学校では」「ウチの会社では」と一般的に使う。相手をウチの人だと思うと急に親しくなり、特別の便宜をはかり、相手をソト者と思うとはっきり別扱いします。それは古い体制の名残なのです。つまり、日本語社会では、人々は相手が自分に近いか遠いかについて鋭い感覚、区別をいつも内心で保っています（これが敬語の基礎の一つです）。だから、近しい扱いでは、しばしば親密さから、時によると相手を粗略に扱うことになります。（三ページ）

佐藤　これを読んでみて、どこか論理が崩れているところに気づきますか。

最後の文に、接続詞が入っていますね。「だから」というのは、結論を示す前ですね。「だから、近しい扱いでは、しばしば親密さから、時によると相手を粗略に扱うことになります」。日本人というのは、親密さから人びとを時々粗略に扱うことがある。親しい人間だとあえて雑な言葉を使ったり、あるいは外の人に対してのほうが丁寧だと、こういうことは、我々の常識としては認められますね。

しかしここで問題になっているのは、その常識論ではありません。この文章のなかで、論理が成り立っているかどうかです。日本語の社会というのは、相手が自分に近いかについてつねに鋭い感覚を持っています。だから親しい扱いでは、時によると相手を粗略に扱うことになっています、という語調です。これを問答形式に変えてみましょう。

この文章の結論は「日本人は、自分に近い相手を粗略に扱いがちだ」となっています。外国人を相手として考えてみるといいですが、「どうして、何でそうなの、近い人ほど大切なのでしょう」と、こういう反問が来るでしょう。

それに対して、この文章では、日本人は人間関係の近さをいつも気にしているからという結論になります。要するに人間関係が近いかどうかを気にするという命題と、近い相手を粗略に扱うかどうかという命題は、別ですね。その論理連関がないことが「だから」でくっつけられてしまっているから、あたかもそこのところが前提と結論のように流れてしまっています。

このように、この文章では、「だから」という接続詞を使っているところが問題になります。これは思考力とあまり関係がありません。要するに形式的なつながりを見ていく力になります。こういったところは、訓練すれば力がついてきます。

前提に隠されたこと

論理に関しては、こういう訓練ではなかなか力がついていかない、テキスト外の要素が関係してきます。それは、往々にして文化と関係してきます。同じく、『論理トレーニング　101題』から見てみましょう。

――吠える犬は弱虫だ。うちのポチはよく吠える。だから、うちのポチは弱虫だ。（一一三ページ）

佐藤　これは結構難問ですよ。どこに問題がありますか。

――吠えている状況がよくわからないのに、吠えるというだけで弱虫と考えるところ。

佐藤　吠えているのは弱虫だというのが前提になっていますが、別に吠えていることと弱虫ということは関係ないから、この文章がおかしいということは成り立ちます。でも、もし吠える犬は弱虫だという前提が正しいとしても、この文章の論理のおかしいところに誰か気づきますか。

――うちのポチは犬かどうかわからない。

佐藤　そう、ポチが犬だとはどこにも書いていません。もしかしたら、ポチは虎かもしれない。だから「吠える犬は弱虫だ」ということと「うちのポチはよく吠える」ということのあいだに、ポチは犬であるという自明の前提があるわけですね。ところが、もしここのところでポチが犬でなければ、ポチは弱虫だとは言えませんね。こういう、いろいろな常識としているなかで、論理の無前提にされているところの前提に気づくことは非常に重要になってきます。

では、その応用問題で同じようなことを扱ってみましょう。

――日本の自動販売機は、商品を美味しく見せるための、メタクリレート樹脂でできた透明のカバーで、ショーウィンドウのように覆われています。ところが、この美しい樹脂が自動販売機にそのまま使われているのは日本だけで、外国では使えません。なぜなら、メタクリレート樹脂はきれいですが、ハンマーで打ち壊せば簡単に砕けるからです。(一一四ページ)

佐藤　ここではどういう前提がありますか。

――日本では、ハンマーで打ち壊す人はいないという前提かなと思いました。

佐藤　そういう前提でも考えることはできます。ほかの前提として考えられることは。

――「美しい樹脂」と書いていますけれども、ほかの樹脂でもできるのではないかと。

佐藤　それも考えられますね。ただ、これは排外主義的な言説だと気づきませんか。こういったメタクリレート、要するにプラスチックの樹脂で壊せるようだったら、外国だったらどこであっても自動販売機はぶち壊されるのだと。それで中身が盗まれるのだという前提ですね。日本人はそういうことをしないけれども、外国人はこういうことをすると。よく「ここはイタリアですから」「ここはロシアですから」「ここは中国ですから」というような言い方がされることがあるけれども、そこには「いや、日本ではこういうことはない」ということが込められていて、やはり排外主義的な発想があるわけですね。

それからもう一つは、中身が盗まれてしまうような構造の自動販売機は使えないという前提ですね。でも中身が盗まれてしまう構造でも、例えば野菜の販売などで、ここにお金を置いてくださいというかたちで無人販売しているところがあります。だから自動販売機だって、ちょっと下から手を入れれば盗めるかもしれないけれども、そういう自動販売機でもきちんとお金を入れてみんな買うかもしれません。こういったいくつかの前提が隠されているわけです。

くりかえしますが、こういったかたちで人と議論すると嫌われます。でも、嫌われるような議論の練習をしていくのは非常に重要です。これは自分で文章を見つけて練習することはなかなかできないし、解答のあるもので勉強したほうがいいです。自分でも少し考えないといけませんが、考えが浮かばないときは解答を見る。そうすると、こういうヒントがあるのかと、そのパターンを覚えていくことによって論理の勘が非常に澄まされていきます。だから、何でも更地から自分でやろうとせずに、この野矢さんの本のように、いい教科書を使うことが重要です。

トートロジーの怖さ

時間が限られているため、飛ばして話していますけれども、論理のなかでとても重要なのはトートロジー、同語反復です。論理学の言葉でいうところの恒真命題です。恒真命題とは何か。野矢さんの『論理学』によれば、

——真理関数には二つの極端なタイプがある。一方の極は、原子式の真理値に何を入れてもつねに結果が1になるような関数、すなわち「恒真関数」であり、他方の極は、原子式の真理値に何を入れてもつねに結果が0になるような関数、「恒偽関数」である。恒真関数を表わすような論理式は「トートロジー」と呼ばれ、恒偽関数を表わすような論理式は「矛盾式」と呼ばれる。（三七ページ）

となります。しかし、論理学にそれほど親しんでいない人には、よくわからないかもし

れません。

もっと平たい言葉で言うと、絶対に当たる天気予報です。今日の午後の天気について、絶対に私は当たる予測をします。「今日の午後の天気は、晴れか晴れ以外のいずれかです」。この天気予報は一〇〇パーセント当たる。しかし、天気に関する情報を何も含んでいません。

この同語反復、トートロジーというのは、公共圏で使うのは一応禁止されています。政治の世界や会社で堂々めぐりになるトートロジーの議論をすると、「おまえ何言ってるんだ」ということになります。

トートロジーは、論理的には絶対に崩れません。だから、そういうことを議論する人に対しては、あなたの言っていることはトートロジーだから、あなたとは対話不能だといって、議論からおりるしかありません。すなわちトートロジーを使う人が交渉相手だった場合は、交渉の場からおりて、交渉外で問題を解決しないといけません。トートロジーを使っているということは力で押し切るということですから、ひじょうに怖いところがあります。

けれども、我が国の政治では少し事情が違います。イラクのサマワへの自衛隊派遣をめぐって、自衛隊の派遣と戦闘地域についての小泉純一郎《こいずみじゅんいちろう》首相（当時）の説明を思い出してください。非戦闘地域について定義をしてくれというと「自衛隊が派遣されている地域が非戦闘地域です」と。では自衛隊はどこに派遣できるのですかというと「それは非戦闘地域です」と。この論議を、約半年くりかえしました。

小泉さんの論理の強さは何かというと、同語反復です。だから強いし、崩れない。しかし、自衛隊の派兵基準に関する情報は、そのなかに何もありません。トートロジーが国会の答弁で使われるという、我々の風土がここで問題になるわけです。レッドカードがレッドカードにならない、非常におもしろい現象です。

ただ、あらゆる民族においてトートロジーはあります。例えば、韓国人にとって竹島問題はトートロジーです。ミネルヴァ書房から出ている玄大松《ヒョンデソン》さんの『領土ナショナリズムの誕生――「独島／竹島問題」の政治学』では、韓国人の誰に聞いても、どんなデータを提示しても独島は韓国領だという結論以外に出てこないと。

恒真命題というのは、人びとのなかにあります。それは、人間の社会にタブーがあるからです。

同一律

さて、ここまで話してきた論理は、学問的には簡単なレベルです。ビジネスパーソンにとっては、古代ギリシャのアリストテレスの論理学の基本を押さえておくことが大切です。アリストテレスの論理学は、同一律、矛盾律、排中律、この三つを基本としています。

では、この三つを簡単にみておきましょう。

同一律というのは「AはAである」ということです。同一律違反というのは、日常言語のなかにおいては意外と出てきます。例えば「犬は全身が毛むくじゃらである」という命題があるとします。また「鈴木《すずき》宗男《むねお》はロシアの犬である」という命題も成り立ち得ますね。それで「鈴木宗男は全身が毛むくじゃらである」という結論にするとしたらどうでしょう。記号化してしまえば間違えていません。しかし、ここには、大きな意味上の同一律違反が一つあります。何ですか。

「犬」という言葉の使い方です。「犬」というのは、一つにおいては動物の犬で、もう一つは手先という意味での犬ですね。その二つが混同されているから「鈴木宗男は全身が毛むくじゃらである」という論理が導かれてしまうわけです。そうすると重要なのは、ある言葉を使っているときに、その言葉の意味内容が自分と相手とのあいだで同じなのかどうか、これについてはよく議論してみる必要があります。

矛盾律

二番目の矛盾律ですが、じつは、この矛盾律はものすごく難しい。矛盾律とは、「Aと非Aが同時に存在しない」ということ。例えば、ここに山田太郎さんがいるとします(A)。今日は二〇一六年二月一六日、東京、時間は午前七時五五分。そのときに、同時にこの山田太郎さんがここにいないということ(非A)は成り立たないということです。

しかし、矛盾というものが果たしてこの世の中に実際に存在するのかどうかにおいて、考え方が二つに分かれます。存在すると考える人は、ある意味では常識論ですね。それは、時間というファクターを無視しています。同時にと言っているけれども、「同時」にと私が言っているあいだに一、二秒たっているでしょう。脳の中で何かを思い浮かべるときに、〇・〇〇〇何秒ぐらいだとしても時間は必ず経過します。まったくの同時ということが、現実の現象のなかであり得るのか。こういうふうに考えた場合に、それがないという結論に至るならば、矛盾律というものはこの世の中では実際にはないということになります。それは目に見えない世界、すなわち頭の中で組み立てた形而上学の世界だけになってしまうということです。

ちなみに、「矛盾」というと、中国の古典に出る話を思い出すかもしれませんが、あの矛盾は、西洋の論理学でいう「矛盾」にはあたりません。矛盾とはそもそもどういう話ですか。

——盾と矛が、どちらも破られないと主張している点に矛盾があると。

佐藤　そうです。町で矛を売っている人が、どんな盾でも突き抜ける矛だよと言っていると。同じ人が同時に盾も売っていて、どんな矛からも守ることができる、貫かれることがない、そういう盾だよと言っていて、ではこの矛でこの盾を突いたらどうなるかという話です。話はそこで終わっているのだけれども、もう少し考えてみましょう。突いてみたらどうなりますか。

——突いてみたら、結局どちらも破られない、壊れない結果が存在する。

佐藤　どちらも壊れなければ、それは盾のほうが強いということで、盾の売り文句が正しかったことになりますね。ということは、これはじつは矛盾ではなくて西洋哲学でいう対立です。対立というのは両方をぶつけ合わせること、一方が他方をのみ込むことで解決できるわけです。

矛盾というのは、例えば夫婦関係などです。夫婦関係のトラブルがあるとします。夫というのは、妻がいないと成立しない概念です。妻は、夫がいないと成立しない概念です。夫婦関係のトラブルは容易に解消できます。矛盾の解消、離婚をすればいいわけですから。夫婦関係を解消すれば、夫婦はない。矛盾というのはそういう関係性から出ているもので、構造を転換することによって容易に解決できます。これに対して対立というのは、どちらかがどちらかをのみ込むかたちでしか解決できません。

だからドメスティック・バイオレンスで片方が片方に言うことを聞かせるというのは、対立図式での夫婦の問題の解決です。矛盾の図式での夫婦の問題の解決は、離婚以外にも、例えば、お互いこの問題については触れないといった紳士協定、あるいは子育てに集中して子どもが育つまでは、寝室を別にして目をつぶるなどもそうです。矛盾というのは構造、関係を改善することによってとりあえず解消されるから、一番解決しやすいです。

では、解決できないものは何だと思いますか。これは差異です。例えば、身長、皮膚の色など、こういう属性は基本的に変えられません。だから差異と矛盾と対立を混同したらいけないというのは西洋哲学の基本的な考え方です。差異から生じるものは何かというと趣味です。だから、皆さんもビジネスで欧米圏の外国人とつき合ったらわかると思いますけれども、趣味の問題ということになったら、そこで議論を打ち切るということです。

この矛盾、対立、差異の関係性をきれいに整理したのが、じつはヘーゲルです。ヘーゲルがいまだに影響を持っているのは、日本では何かごちゃごちゃと矛盾と対立と差異が捉えられているけれども、そこのところをきれいに整理したからです。

ジェンダーの問題などに関して、トランスジェンダーも含めてこれは別の扱いにしないといけないし、トランスジェンダーの人の権利を尊重しないといけないというのは、その考え方が差異から来ているわけです。対立の考え方だったら、世の中の基準に合わせろ、となるし、あるいは矛盾だったら、何らかのその人の意識の転換なりによって固定した性に戻せるのではないかという発想になる。つまりアプローチが変わってくるのです。

排中律

三番目の排中律にいきましょう。排中律とは勝ちか負けしかないという前提での囲碁を思い浮かべてください。勝ったのでなければ、負けた。負けたのでなければ勝った。要するに、引き分けはないという前提になっています。つまりAとAではないものがあるとき、その真ん中はないというのが排中律です。

しかし、『論理トレーニング　101題』で紹介されていますが、実際には、囲碁は、何日にもわたって指しても決着が着かないという場合には、引き分けがあります。ビジネスにおいても、勝つということと負けないということは違います。そういった意味では、ドローがあるのは皆さんおわかりでしょう。排中律を使うと、そこのところから背理法というものを使えるようになります。

同一律と矛盾律と排中律が使えると、物事はすべて論理的に説明できます。これが論理学のおもしろさです。

ここ一〇〇年ぐらいの論理学は、じつは排中律が適用されない世界を考えていて、それが直観主義です。このあたりの難しい問題に取り組んでいるのが野矢茂樹さんの『無限論の教室』(講談社現代新書)です。

なぜ論理力が大事なのか

さて、野矢さんの本にしたがって、論理学のポイントをいくつか話してきました。では、なぜ、ビジネスパーソンの皆さんにとって、論理力が重要なのか。芳沢光雄《よしざわみつお》先生の『論理的に考え、書く力』(光文社新書)を少し読んでみましょう。芳沢さんは、外交官として活躍した芳沢謙吉《けんきち》のお孫さんです。東京理科大学の先生を長いことやっていて、現在、桜美林大学にいます。

——人や情報が国境を越えて活発に行き来する現代は、政治、経済、環境など、あらゆる場面で解決すべきグローバルな課題が山積している。こうした課題に取り組むには、論理的に考え、文化の異なる他者が納得できるように、自らの立場を筋道を立てて説明する力がきわめて重要になる。

大国と小国、あるいは大企業と小企業などが共通の土台で理解を深めようとするとき、最も客観的な「数字」を抜きにして語ることはできない。(三ページ)

佐藤　論理的思考法の重要性が語られています。グローバリゼーションが進むと、文化的に異なる人びとのあいだでのコミュニケーションが生じてきます。そうなってくると、コミュニケーションの核というのは、じつは英語力ではなく、論理力です。論理には、言語的な論理と非言語的な論理があります。数学というのは、そのうちの非言語的な論理です。これは第七章でまた紹介しますが、皆さんが採用する若手の数学力がどうなっているか。じつは東京大学、一橋大学、京都大学をのぞくと、国立も含めて文科系においてほとんど数学はスルーできる状態になっていますから、若手のプライドを傷つけないようにじゅうぶん気をつけながら、そこの力を早めにチェックしておいてください。数学力をつけておくと明らかに会社の力もチームの力も強くなります。だから、英語より先に数学です。いくら英語だけできるようになってコミュニケーションをしても説得力を持ちません。論理力を持ちません。

問題の場と問題は違う

ではどうすればよいか。そうした点で役にたつ古典的な著作を紹介しましょう。澤田《さわだ》昭《あき》夫《お》さんの『論文の書き方』(講談社学術文庫)です。

澤田昭夫さんは、満州事変時に国際連盟日本国事務局長をつとめた澤田節蔵《せつぞう》さんの息子さんです。政治的には右派とされますが、論文の書き方や技法においては、政治性を抑えた記述に努めています。本書の内容は、現在も有効です。論文の書き方については、『知の技法』をはじめいろいろ出ているけれども、この種のものは、全体像を持っている一人が単著として書かないとだめです。分担して書いたほうがいい教科書と、一人で書いたほうがいい教科書と両方あります。全体像を見渡して歴史学の専門家が一人で書いた教科書としては、『論文の書き方』は傑出しているし、だからロングセラーになっているのです。

――そのトピック選びについてまず注意しなければならないのは、トピックとは「問題の場」ではないということです。「天皇制が問題だ」とか「福祉国家が問題だ」というようなことがよくいわれますが、天皇制も福祉国家もほんとうの問題、トピックではありません。それは「問題の場」"problem area, subject area"、つまり、問題ないしトピックという宝石がかくされている鉱床のようなものです。（二三ページ）

佐藤　問題の場と問題を間違えないでください。「安保法制が問題だ」とかいうのは問題ではありません、問題の場です。「安保法制によって日本は戦争に巻き込まれるか」とか「安保法制によって日本の安全保障体制は強化されたか」という、こういう疑問文のかたちで出せるときになってはじめて問題になります。「天皇制は民主主義の発展を阻害するか」「福祉国家は国民の真の福祉に寄与するか」ならば問題になります。だから、問題の場と問題を混同しない。会議でも、問題の場について議論しているのだったら絶対に収斂《しゅうれん》しません。会議などでは、必ず疑問文にして、いくつかの問題を出すというかたちでのテーマをつくることがとても重要になってきます。

それからもう一つ、文章を書くときに注意すべきことがあります。「起承転結ではこまる」のところです。

――『論文の書き方』と称する無数のハウ・トゥーものの中には、きれいで、わかりやすい文章を書くようにとすすめる文章作法論が多いのですが、構造についてふれたものは少ない。そしてたまに構造にふれているものがあると思ってよく見ると、『起承転結』の法を用いよ」とあるのに気がつきます。「起承転結」というのは「書き出し→その続き→別のテーマ→もとのテーマ」という漢詩の構成法で、それを使って論文を書けば、レゲット氏（引用者注：アンソニー・レゲット。イギリスの物理学者）のいう、何が幹線なのかよくわからないものが出来上ります。具体例で考えて見ましょう。「この川べりで昔AがBと別れた」→「Bは悲壮な気持だったろう」→「昔の人はもういない」→「この川の水は今もつめたい」。これが起承転結の典型ですが、この論法で論文を書くと序論「天皇制は問題である」→第二章「天皇制についてはいろいろの見方がある」→第三章「イギリスの王制はエグバートから始まる」→結論「天皇制はむずかしい」と、こんなふうになるでしょう。起承転結は、詩文の法則としては立派に役を果す原則でしょうが、これを論文に応用してもらっては困ります。（一〇四ページ）

佐藤　起承転結で、レポートや、あるいは会社の会議用の論文を書いたらいけないということです。でも、実際にはそういうものが多い。「転」で箸休めみたいな、変なものが入っているものが多いけれども、それは国際的には絶対に通用しません。ただ、首相官邸に持っていくときは、そういうようなものが入っているほうが理解を得やすいから面倒です。

（二〇一六年二月一六日）

第三章文献ガイド

澤田昭夫『論文の書き方』講談社学術文庫、一九七七年

野矢茂樹『論理学』東京大学出版会、一九九四年

野矢茂樹『無限論の教室』講談社現代新書、一九九八年

野矢茂樹『論理トレーニング　101題』産業図書、二〇〇一年

野矢茂樹『新版　論理トレーニング』産業図書、二〇〇六年

芳沢光雄『論理的に考え、書く力』光文社新書、二〇一三年

第四章　教養としての地政学
——国際ニュースの読み方

人間の限界

佐藤　皆さんおはようございます。

一人の人間がつき合える人間の数、つまり、具体的に名前と顔が一致して、その人の履歴、性格、この分野でこれぐらいの力があるということが理解できるのは何人ぐらいだと思いますか。この研究は生物人類学の課題ですが、一五〇人ぐらいと言われています。しかし、実際には我々はこの一五〇人を超える人間関係を日常的に強いられているわけで、じつは相当のストレスなはずです。だから人に関するデータをカード化したり、コンピューターに登録しておくというような補助手段がないと、一五〇人を超える人間に関する情報の管理はできない。一番簡単なやり方は、名刺の裏にその人の情報を書いておいて記憶本体ではなくてインデックスだけで処理する方法です。

このように、やはり人間としての生物的な限界はあります。それと直面しているところが、私はどうも、いまの世界の危なさではないかと思います。日本は特に危ない。世界の国際情勢の変化にも、IT、特に人工知能の変化に対して、まったく知的に対応する準備ができていないからです。このままだとたぶん五〇年のスパンで二流国の下ぐらい、ヨーロッパの中堅国ぐらいのところまで下がってくる可能性はある。

危機の三つのカテゴリー

危機を三つにカテゴリー分けすると、まず一番目はリスクです。リスクとは、ある行動をおこなう、もしくはおこなわないことによって起きる負担や損失のことを指します。だからリスクは基本的に計量可能です。足し算と引き算ができるし、状況によっては掛け算もできます。リスクマネジメントの本は山ほどあって、日本でもここのところの質は高い。だから屋上屋を架す必要はない。

二番目はパニックです。パニックというのは、ギリシャ神話のパーンという牧神に由来します。そのパーンがめちゃくちゃな暴れ方をする。パニックというと、経済では恐慌を指します。突発的な出来事に遭遇することによって生じる不安と混乱です。これはむしろ心理学や学際的なことなので、いま我々が直接扱う問題ではない。

三番目はクライシス。リスクマネジメントとクライシスマネジメントはまったく違います。クライシスマネジメントと書いていても、ほとんどの本はリスクマネジメントのことです。

クライシスとは、そもそもギリシャ語のクリシスから来ています。クリシスとは、一つは峠という意味。峠は山道の峠でもあるけれども、病気の場合にも使う。今日が峠だという言い方です。峠をうまく越えることができたら、旅行の場合は目的地に着き、病気の場合は持ち直す。峠を越えることができなければ死んでしまいます。

クリシスには分かれ道という意味もある。分かれている道のどちらかを選ばないといけない。まちがった方向を選ぶと目的地に行き着けない。そういう意味において、我々日本のあり方というのはいま分かれ道のところに来ているし、道をまちがえると目的地には到達できない、状況によっては死んでしまうかもしれない。そういうクライシスのなかにあることは確実です。

ただ、クライシスと抽象的に言ってもわからないでしょう。中世神学で「神は細部に宿りたもう」という言葉があるけれども、現代においても、真理は細部を見ないとわかりません。

通訳拘束という分かれ道

二〇一六年八月二〇日に北方領土の国後島で日本人の通訳が拘束されるという事件がありました。ちなみに『朝日新聞』では「拘束」という言葉が使われていたはずです。一方、『産経新聞』、共同通信の系統では「足どめ」と書かれていました。拘束というのは客観的な事実で、ロシア側も通信社が報道したことです。足どめは拘束とどこが違うか。「今日台風で足どめされた」という言い方をするように、足どめは公権力が働いていなくても起きる。拘束は完全に公権力が働いている。北方領土は日本領だという日本の建て前があるから、公権力が働いているということになると非常に面倒くさいので、日本政府は足どめという大本営発表をしたわけです。

事案としては、通訳が北方四島から帰ろうとしたときに突然税関検査があった。本来、国後島は日本国内だから税関検査なんかに応じてはいけないのだけれども、検査でタブレットの下にあった包みから四〇〇万円が出てきた。ロシアの規則ではこんな大量の金を動かすときには申告しないといけないから、拘束された。

私が調べたところでは、実際は水産加工会社やホテルを経営している国後島のチェチェン人の大物が、新しくつくる船の支払代金を、正規の送金手段がないからいつも四島に来る通訳に頼んで根室の造船会社に渡す。どうもそういう話だったようです。それで結局二四日に拘束を解かれて帰ってきた。通訳も外務省の同席した人間も、何も言うことはないということだった。

ここで起きていたのは一つの分かれ道でした。もしかしたら九月二日の安倍首相のロシア訪問は不可能になり、その結果、プーチン大統領の年内訪日もできずに、北方領土交渉は完全に頓挫する一つの危機のなかにありました。これはごく限られた専門家にしかわからないことです。

入域手続きの実態

北方四島は、日本からすると日本領という立場ですが、日本の実効支配はなされていない。だからロシアからするとロシア領であるという考えです。

日本領という建て前がある以上、外国に行くときに使う日本のパスポートを持っていくことはできません。ロシアは入国のたびにビザを要求しています。ビザの発行は明示的にロシアの管轄を認めることになるので、日本は絶対にできないという立場に立っています。そこでA4判の厚紙に写真を貼って身分証明書をつくっています。記載されているのはパスポートと同じ事項の名前と生年月日、それから身長といったこと。あともう一枚、A4の挿入紙がビザの役割を果たします。それで日本側としては出入国ではなくて、北方四島という地域への入域と出域の際に特別の手続きをしているという立場に立つわけです。他方、ロシアのほうでは、ロシアの連邦保安庁（秘密警察）傘下の国境警備隊が出てきて、ロシア法にしたがって出入国手続きをしています。

こういったことを詰めて、ビザなし交流が一九九一年に合意され、一九九二年からはじめられた。ところがおこなうにあたって大問題が生じた。ロシア側が、税関申告書で金目のものと所持金を申告しろと言ってきた。すったもんだしたあげく、日本は税関申告書を出すなどというロシアの主権行為に服するわけにはいかないが、円滑に四島の訪問を実現するために携帯品リストを自発的にロシア側に渡すという立場を取りました。ところがこの携帯品リストは、偶然だがロシアの税関申告書とまったく同じ書式です。しかも日本語では「携帯品リスト」と書かれているが、ロシア語ではなぜか「税関申告書」と書かれている。

それを持っていき、国後島の沖合で必ず入域手続きをとります。国境警備隊と税関職員が乗り込んできて、閉ざされた一室に外務省の係官と通訳だけが入る。私はロシア語ができるから、ほんとうは通訳は要らないが、一応立ち会いがいたほうがいいということで通訳を入れました。税関申告書、日本の立場からすると携帯品リストに「行き先　国名」と書いてあるので、我々はビザなし訪問団員に国後とか択捉とか色丹とか行き先の島の名前を書いておけと言う。そうしたらロシア側がその税関申告書を見て、「ここには国名が書いていない。国名を書け」と言うわけです。

日本側の外務省の係官は、ここは日本領であるから国名を書くなら日本になると。日本国内だから別に国名は書く必要はないと言う。そしたらロシア側はもう一回国名を書けという。それは日本側の主張で、我々ロシアはロシア領と考えているというやりとりを三往復する。そのあとで、日本側から、もし仮にここにあなたが主張するところのロシアという名称を書かない場合、入域を認めないかと聞く。税関職員は認めないと言う。それならばといって、外務省の係官が団員全員のところに「ロシア」と書く。そういうやりとりを見せたくないから、ほかの人は入れないのです。

それと同時に、ディスクレーマーという文書を渡す。外交で時々使われるのですが、ただいまおこなった行為は日本国政府の立場に何らかの影響を与えるものではないと。いま事実としてロシアという国名を書いたけれども、それは何にも影響しないという紙を一応渡す。ロシア側は受け取ることもあれば受け取らないこともある。そのようにして入域手続きが進みます。もし税関検査をしたら、日本としては日本の管轄に対するロシア官権による侵害だということになって、そこから深刻な問題が生じかねない。しかし、そのところを日本側は現実的に処理しています。

現場での「封じ込め」

じつは過去にもいろいろな問題がありました。なぜ私が、新聞でそれほど大きく報じられたわけでもない、二〇一六年八月二〇日の事件を危機と言っているかというと、北方領土のビザなし交流に関わる事柄はだましだましでやっているからです。日本は四島を実効支配できていないから、絶対に日本側から違法行為があってはいけない。しかしもし日本側が法に抵触する行為をしたときにどうするか。あるいはまたロシア側から面倒くさい問題、突飛な問題が飛び込んできたらどうするか、そういうことに対処してきたのです。

私が一九九六年にはじめて北方領土に行ったときは、超応用問題が起きた。国後島などは港のなかに船がたくさん座礁して沈んでいます。そのため、二五〇トンぐらいの船でも近寄れないからはしけを出します。そうしたら沖合にとまっている船にビキニ姿の三〇歳ぐらいの女性が泳ぎ着いてきて船に乗せてくれと言う。放っておいて溺れ死んでしまうといけないから船に上げた。女性は日本に亡命したいと言う。ビザなし交流船に亡命者を乗せて日本に連れていった、あるいはビザなし交流船に亡命者が乗ってきたので追い返したということになったら、そのこと自体が管轄の問題にもなってくるし、たいへんに面倒くさい。

そこで私が考え、伝えたのは、「ふーん、亡命したい。しかし日本は難民条約を批准しているけど国内法がないから、認定はすごく難しいよ。それからまず収容所に入れられるよ」と。ロシア人は収容所というとシベリアの収容所を想像する。その後に、西船橋、錦糸町あたりのロシアンパブでロシア人の女性がどういう条件で働かされるかを実態に即して話した。そうしたらその女性は怖くなったようで、「行く？」と聞いたら「そんな怖いところ絶対行きたくない。帰りたい」と言う。少し酒臭かったので、「じゃあ、あなたは酒飲んで泳いでいたら気持ち悪くなって、この船に助けを求めた。だから今からはしけに帰すね」というふうにして処理した。

そして船が出航しようとするときに秘密警察の将校が私服でやってきた。船の部屋のなかで鍵を閉めて話したんだけれども、向こうから「何があったの」と尋ねられた。それで一連のあったことを全部話した。相手は「あなたは東京に報告する？」と尋ねたので私は「しない。面倒くさい」と答えた。「わかった。じゃあこっちもモスクワに報告しないから」と、そしてそいつがアタッシェケースのなかに入っているウォッカの瓶を出してきて、一八〇ccぐらい入る結構大きいコップになみなみとついで、二人で一杯ずつ飲んでそれで終わりとした。つまり、現場で抑え込んだわけです。

この種のトラブル、例えば四〇〇万円持っているといったことが発覚したら深刻な問題になるに決まっています。そもそも税関の検査でいままでにない異例なことをやるという場合は、断固拒否しないといけない。もし荷物をあけるといったら、自発的に荷物を見せることはあるけれども、まずいものが入っているおそれのある人は、所有権を放棄する、検査には応じないと言ってその荷物は現地に置いていったほうがいい。

もし私が現場にいてそういうのを見てしまったらどうするか。例えば四〇〇万円を送金するには一回ドルにかえて円にしないといけないし、送金手数料がかかるから一割ぐらい減価する。訪問団に同行してきた人はロシア語が話せるのだから、あなたと税官吏の二人で三〇分以内に処理してくれと言います。おそらく税関はそんなに深い考えはなくて、大きい金を動かしているやつがいるというから小遣いが欲しかったのだと思う。だから減価分の一割もやればそれで解決する。

こういったときに賄賂《わいろ》を渡しておけば絶対に問題になることはない。どんな税関だって賄賂を取っていいという税関は一つもないわけだから、税関職員にあえて違法行為をさせ、その秘密をこっちで握っておく。そうすれば静かに現地で事をおさめることができたはずです。ところが大ごとになってしまった。これぐらい話が大きくなると、クレムリンの判断が必要です。クレムリンはこれを大ごとにしたくないということだったから、結果としてはよかった。

しかし、現場で封じ込めることができなかったということは、日本の外交官の水準がかなり危機的になっているということです。

この拘束の事件は、これで日ロ関係が動くか動かないかという「分かれ道」にあったのです。

「海と川は人びとを近づけ、山は人びとを遠ざける」

昨今、地政学が話題になっています。いろいろな本が出版されていますし、雑誌などでも特集が組まれたりしています。地政学は長期的に変化しにくい要因で世界を見ないといけないという考え方です。しかし、日本で議論している地政学のほとんどは「政」のほうにウエイトが置かれています。これでは通常の政治談義と変わりません。そうではなく「地(地理)」に重点を置いた政治の制約条件について考えないといけないのです。

地政学というと、ハルフォード・マッキンダーが地政学の祖とされています。著作は『マッキンダーの地政学』というタイトルで原書房から出ています。この本のサブタイトルは「デモクラシーの理想と現実」ですが、これが原題です。じつは、この本のなかには地政学という言葉は出てきません。マッキンダーはイギリス人ですが、彼の著作に影響を受けたカール・ハウスホーファーというナチス・ドイツの理論家が「マッキンダーの地政学は」と何度もくりかえしたので、マッキンダーが地政学というワーディングを使っているようにみんなが勘違いしてしまったのです。

しかし、ハウスホーファーは、決してマッキンダーの考え方を曲げて捉えていたわけではありません。マッキンダーは地理を重視した。要するに、歴史についていろいろ考える場合には地理的な制約条件というのが非常に重要であって、資源、科学技術の発展も地理によって制約されるところが大きいということをマッキンダーは強調しました。

ヘーゲルの「海と川は人びとを近づけ、山は人びとを遠ざける」という言葉がありま す。ただ、このことは文明がある程度発展しているという前提が必要になります。航海技術が進んでいなければ、海も人を隔てるものになってしまうからです。プレハーノフというロシア・マルクス主義の父が、『マルクス主義の基本的諸問題』という本を書いていま す。日本語のバージョンで一番いいものが、モスクワのプログレス出版所から一九七八年に出ています。そのなかで、プレハーノフは、このヘーゲルの言葉を引用しています。

さて、一九一九年にマッキンダーの書いた『デモクラシーの理想と現実』は発売当初はまったく売れませんでした。売れたのは、一九四二年の戦時版でした。マッキンダーは、一九一九年版が出た段階、つまり第一次世界大戦が終わって、ようやく平和が来ると皆が思っているときに、そんなことはないと言っています。

「こういう時（引用者注：第一次世界大戦が終わった直後）には、疲れ切った人達がもう戦争はごめんだとおもう単純な理由から、えてして永久的な平和が訪れるかのように錯覚する誘惑におちいりやすい。けれども国際的な緊張は、最初はゆっくりでも、どのみちまた増加の一途をたどるだろう。ワーテルローの会戦後にも、ほぼ数十年の平和な時代があったが、一八一四年のウィーン会議に参集した各国外交官のなかで、プロイセンが将来世界の脅威になることを、いったい誰が予測できただろう。われわれ自身にしても、これからの歴史の河床にもう大きな瀑布はないと断定するわけにはいかないだろう」（二ページ）と、当時においては珍しく第二次世界大戦を予測していました。

山の地政学

この著書のなかで、マッキンダーが強調したのは山でした。山が人びとを隔てることによって、さまざまなトラブルが生まれるということに、マッキンダーは気づいていたからです。

これに対して、日本では基本的に海の地政学が重んじられてきました。アルフレッド・マハンの「海洋戦略論」の影響が強いからです。マハンの本は、決しておもしろい本ではない。ただ、海洋戦略というのは人びとを近づけます。もちろん民主主義ともつながっているからグローバリゼーションを導きます。だから一言で言うと新自由主義と親和的です。それに対して新自由主義的なものの障壁になるのは、物理的にも思想的にも山です。この問題は私が晶文社から出した『現代の地政学』という本のなかに、かなりていねいに書いているので、見てください。

第二次世界大戦後、マッキンダーの地政学はじつはほとんど忘れ去られていました。ひとつには、ナチス・ドイツの虚偽のイデオロギーのようなものととらえられてきたということが挙げられます。しかし、それ以上に、山、地理的な制約条件というのは、国際情勢を分析するときにそれほど大きな問題ではないと思われるようになったということがあります。飛行機が飛ぶようになったことで三次元になったから、山の制約は空爆、さらに人工衛星などによって克服できると考えられたからです。

それに加えて、東西のイデオロギー対立は地形を超えるという考え方も影響しました。私が一九八七年にモスクワに勤務した当時、ソ連の砂糖は全部キューバ製だった。なぜキューバから砂糖を持ってこないといけないのか。ソ連はものすごく割高で買っていました。安い砂糖を高く買って配っていたのは、キューバがソ連にとっての同盟国だったからです。このように、東西冷戦は、地理という制約条件を超えていた面がたしかにあります。

日本だって、冷戦期、中国に会社をつくれば安くて良質の労働力をいくらでも確保できたが、どの企業も進出しなかった。なぜか。イデオロギー対立があるからです。我々のパスポートでも行けない国が三つあった。北朝鮮と東ドイツと中共。中国というときは当時は台湾を指していた。だからその三つの国に行く場合は、持っているパスポートは返して必ず別パスポートをとって行くという時代でした。いまの日中関係からしたら考えられないことです。

ではイデオロギー、そして飛行機や衛星という三次元のものがあるにもかかわらず、なぜいまもう一回地政学が見直されているのか。ひじょうに簡単な話です。二〇〇一年の9・11以降、アメリカがあれだけの軍事力を使ってアフガニスタンやイラクやシリアを平定しようとしているけれどもできていない。ロシアもチェチェンを実効支配することはできていない。それは山があるからです。

「イスラム国」と山岳地帯

「イスラム国」は風前のともしびになりつつあります。なぜか。二〇一六年、トルコで起きたクーデター未遂事件の結果、エルドアン大統領は国内問題に専心しないとならなくなったからです。

これまでエルドアン大統領は、オスマン帝国の再建をめざし、がたがたになっているアラブ世界、この草刈り場にトルコの影響を広げることに力を注いでいました。しかし明らかにトルコより国力のある国がある。イランです。イランの力はものすごく強い。そうするとシリアに対するイランの影響力が強まってしまうよりは、弱い「イスラム国」があったほうがまだいいというのがトルコ、さらにいえば、サウジアラビアの本音でもありました。

だからトルコは三つのことをやっていました。一つ目は、「イスラム国」から密輸される石油を受け入れていた。二つ目は北キプロスを通じての送金です。キプロスは北と南に分かれていて、南部のキプロス共和国はキリスト教でギリシャとの関係がよい。それに対して北キプロスはトルコ以外のどの国も承認していない、イスラム教徒によって実効支配されている地域です。この北キプロスにある銀行を経由すれば、トルコから「イスラム国」に送金できます。このように、送金ルートをトルコは持っていました。そして三つ目として「イスラム国」に人や物を送り出すということもおこなっていました。

今回、トルコはこうしたルートをすべて封鎖しました。お金も送れなくしました。国内固めに入っているのです。それと同時に、多国籍軍に参加しているトルコ軍は今までは「イスラム国」地域は攻撃しなかったけれども、本気で攻撃するようになった。もちろん主な目的はクルド人の居住する地域をやっつけることです。

となると、「イスラム国」が首都と称しているラッカが落ちるのも近い。じつは「イスラム国」が支配している地域は全部砂漠と平地の地域で、山岳に入り込めていない。特に重要なのはシリアの北西部で、ここはアラウィー派といってアサド大統領の拠点です。

アラウィー派について簡単に説明します。アラウィー派はよくシーア派だと言われているけれども、それは間違いです。一九七四年にシリアがレバノンを侵攻したときに、レバノンのシーア派のムーサー・アッ＝サドルという指導者を脅すようなかたちで、シーア派の認定を獲得しました。

アラウィー派は輪廻転生を信じています。現世で悪いことをすると来世ではトカゲになるという言説で、これはイスラムにはない教えです。それからクリスマスを祝う。さらにメッカへの巡礼はせず、シリア北西部の山のなかにある自分たちの神殿への巡礼をする。要するに土着の山岳宗教です。また、アラウィー派の人たちは基本的にアラウィー派の人としか結婚しない閉鎖集団です。そういう宗教は中東のあの地域には結構あります。ドゥルーズ（レバノン、シリア、イスラエルを中心に存在する宗教共同体）もそうですが、いずれも山岳宗教です。

この人たちは被差別民でずっと虐げられる立場にありました。第一次世界大戦中の一九一六年、イギリス、フランス、ロシア間でオスマン帝国崩壊後、オスマン帝国をどう分けるかを決めたサイクス・ピコ秘密協定が結ばれます。しかし、締結後まもなくロシア革命が起き、ロシアは離脱してしまう。それで第一次世界大戦後、シリアは国際連盟が定めたフランスの委任統治領になります。

フランスは統治をするなかで、それまで被差別民だったアラウィー派を行政のエリートである警察、秘密警察に登用した。その結果、アラウィー派はフランスの占領当局と仲よくやって、なおかつ人口の多数派であるスンナ派のイスラム教徒から搾取・収奪を強めました。

ちなみに現在の人口比は、アラウィー派は一一パーセント、キリスト教徒が八パーセント、スンナ派のイスラム教徒は七四パーセントです。数でいえば、アラウィー派は圧倒的少数派ですが、シリアが独立した後も、アラウィー派による統治支配体制は維持されているのです。アラウィー派はアラウィー派以外の人たちをある意味では同族・同胞と思っていない。シリアにはシリア人という国民の概念はありません。それだから自分たちに反乱する人間に毒ガスを使うことを何とも思わない。

では「イスラム国」が完全に消滅したら万歳ということになるかといったら、そうではない。「イスラム国」にいる人間だって殺されて収容所に送られるのは嫌だし、世界各国から来ているから簡単に散ることもできる。この人たちが向かう先は主に中央アジアです。なぜかというと、中央アジアのタジキスタンとキルギスは破綻国家になっているから。それからこの二つの国と国境を接するところのウズベキスタン東部のフェルガナ盆地も、ウズベキスタンの中央政府の統治が及んでいない無法地帯になっている。さらにキルギスとタジキスタンと国境を接した向こう側にある中国の新疆《しんきょう》ウイグル自治区も国境管理ができていない。

「イスラム国」がなくなりかけるにつれて、「イスラム国」の人員が中央アジアにどんどんシフトしています。ただ、この中央アジアにできてくる「第二イスラム国」の掃討はそう簡単ではない。なぜかというと、いずれも二〇〇〇メートルを超えるような山岳地帯のなかにあるからです。そういう山岳地帯にできた拠点をアメリカやロシアや中国が必死になって掃討しようとしても、おそらくうまくいきません。むしろ「イスラム国」がなくなり、中央アジアのイスラム原理主義化によって、我々はかなり苦しめられることになるでしょう。

二〇一六年九月二日にウズベキスタンのイスラム・カリモフ大統領が死去しましたが、この結果、ウズベキスタンが混乱するのは目に見えています。特に東部のフェルガナ盆地で本格的なテロ運動が起きてくるだろうからです。これもやはり山の問題です。山に注目した地政学が見直されているというのは、それが現実において障害になっているからです。こういう国際関係の変化があって、山などの地理条件に重きを置く地政学がますます注目されているのです。

EU離脱という大衆の反逆

地政学的な関心に照らして、私たちが勉強しないといけないことの一つは、イギリスのEU（欧州連合）からの離脱問題です。

二〇一六年六月二三日にイギリスでEU離脱を問う国民投票がおこなわれて、選挙管理委員会が翌二四日に発表した開票結果だと、離脱は一七四一万七四二票、五一・九パーセント、残留は一六一四万一二四一票、四八・一パーセントでした。じつは、この種の重要事項を国民投票にかけるということ自体が新自由主義の発想です。離脱をするのかしないのか、一票でも多かったほうの意思を総意として総どりするというのは、新自由主義的なゲームの論理です。自己決定権を確立してEUに残留するといった中間が存在しないのです。こういうことをやると必ず禍根を残します。

イギリスは昔から動揺している国です。ヨーロッパ大陸と連携するか、名誉ある孤立を選ぶか、そのあいだを行き来してきました。マクロ的に見れば、第一次世界大戦後のイギリスはヨーロッパ大陸との連携路線をとっていました。それが今回孤立主義に向かうということは、当事者がどう理解しているかは別としてアメリカと相似形にある。アメリカのトランプ現象も、基本的にはアメリカが孤立主義に向かっているということです。

ここでもう一回考えてみましょう。残留を訴えた保守党、労働党の政治家は、合理性を基準にしています。データを提示して離脱による国民の損失を実証的に訴えて、合理的基準から国民が残留を選択すると想定した。この想定が外れたということの意味は大きい。なぜなら、多くの国民が、こういう合理的な主張が、エリート層の権益を擁護するための口実ではないかと何となく思ったということだから。EU離脱派が勝利したというのはイギリスにおける大衆の反逆で、反エリート主義、反知性主義のあらわれです。客観性・実証性を軽視もしくは無視して、自分が欲するように世界を理解するような態度こそ反知性主義です。

離脱派のほうは明確なデータなど何も提示していない。移民によって国民が犠牲になっている、イギリスの経済的な停滞はEUに経済的主権の一部を奪われているからだ、というような、情念に訴える主張をくりひろげました。このような主張がくりかえし有権者の耳に入るうちに、イギリスの政治文化が少しずつ変容してしまい、あるときに質的にかなり変わってしまった。

イギリスは少なくとも過去五〇年以上、IRA（アイルランド共和国軍）との関係をのぞけば、いくら激しい論戦になっても暴力に訴えることはなかった。基本的に平和裡に議会や話し合いでコンセンサスを得てきたのがイギリスの政治文化でした。しかし、二〇一六年六月一六日に英国中部リーズ近郊のバーストルという町で、女性の労働党下院議員、四一歳のジョー・コックスさんが銃で撃たれて殺されました。英国の政治文化にテロという選択肢が加わったわけです。今後、政治テロは拡大するリスクがあるかもしれません。

イギリスの正式名称は、グレートブリテン及び北アイルランド連合王国です。このなかに民族を意味する言葉はありません。ウェールズ人、イギリス人、スコットランド人という民族はいるけれども、ブリテン人という民族はいない。アイルランド人という民族はいるけれども、北アイルランド人という民族はいない。ということは、イギリスはネイションステイトではない。イギリスは三つの国と北アイルランドがあって、一人の王様もしくは女王をいただいている同君連合という、プレモダンなかたちをとっているのです。

いま挙げた、イギリスのプレモダンについてですが、例えばイギリスにジャマイカやパキスタンの人たちが移住し、自分たちの家族をどんどん連れてきてワンルームのアパートのなかに一五人ぐらい住んでいても、イギリスでは問題になりませんでした。ベールをかぶって歩いていても、少なくともいままではイギリス人は文句を言いませんでした。これはとてもプレモダンな感覚です。

プレモダンな感覚というのは宗教・部族が基準になっていて、自分たちと共通のネイションではないなら何をやっていても関心がない。均質な人びとを無理矢理につくっていこうということもなく、ほったらかしておく。

人・物・金の移動が自由になってくると、外国人労働者を入れるときの基準など、面倒なことが起こるのが一般的です。ところがイギリスではこれまで、社会的な軋轢《あつれき》が比較的少なかったのは、植民地支配という経験があるからです。

近代的な国家システムが危機に陥り、いままさにポストモダン的な状況に進んでいるのはイギリスにとどまらない流れです。

人・物・金の移動が自由になっているというのは、ポストモダン的な状況です。こうしたポストモダンの状況に対して、イギリスはプレモダンであるがゆえ、対応が容易だったということがあるのです。

イギリスのプレモダンなものがポストモダンの状況で生きている一つの例は、検閲制度です。

一般的な近代化の理解でいえば、民主主義国になったときに検閲はなくなります。日本国憲法でも検閲は禁止されています。しかし、じつはイギリスには検閲を禁止する法律はなく、いまでも事前検閲がおこなわれています。しかも検閲があったという痕跡を残したらいけないといわれます。よく、抵抗の意味も込めて、検閲されたとわかるように白いまま出すといったことがあります。イギリスはそれもできないので、広告を入れるか穴埋め記事を必ず入れないといけない。テレビに対しても検閲がなされています。

こうしたやり方はとてもプレモダン的で、均質に人権に配慮するのであればできませんが、テロ対策などには有利です。こういうところが、イギリスのプレモダンなものとポストモダンなものがつながっていることの例です。

ただ、いま起きていることは、プレモダンそのものの復活ではありません。なぜか。インターネットが広まることなどで人・物・金の移動が自由になっているという新自由主義、ポストモダン的な状況、つまり近代的な枠を超えた状況がないと実現できないからです。

言い換えると、近代的なものがあるからこそ、前近代的なものと近代以降的なものという両極が接近するのです。

イギリスという帝国

私が一九八六年から一九八七年にイギリスにいたときは、ロンドンの公衆電話は一〇台のうち八台くらいが壊れていました。電車に乗っても地下鉄はいつも小便のにおいがしました。それがきれいで秩序立っているロンドンに変わっていったのは、新自由主義的な改革によってシティが非常に強くなって、それに引っ張られてイギリス全体、特にロンドンが変わったからです。ただ、スコットランドはその分疲弊してしまいました。

現在、イギリスのなかで、北アイルランドをのぞけば迂回できるとこれまでは考えていたところのナショナリズム、ネイションステイトの問題が、スコットランドなどでも起きています。そうしたことを知るうえで、笠原敏彦《かさはらとしひこ》さんの『ふしぎなイギリス』（講談社現代新書）はすごくいい本です。ジャーナリスト的な視点で、現象面を鋭くとらえています。

――だから、日本のように一つのネーションがそのまま独立国家となっている場合は、「ネーション・ステート（国民国家）」として分かりやすいが、イギリスは厳密な意味において国民国家とは言い難い。

連合王国の統治構造を考える際、日本人がこの国を通常「イギリス」と呼んでいることがまた、頭を混乱させる。連合王国は英語の通称では、「United Kingdom（UK）」または「Great Britain（GB）」「Britain」と呼ばれる。イギリスという名称は、連合王国を構成する一地域に過ぎないイングランドの外来音が定着したものとされる。（二五六～二五七ページ）

佐藤　「イギリスは厳密な意味において国民国家とは言い難い」とありますが、厳密な意味どころか、まったく国民国家ではないのは先ほど説明した通りです。同君連合であり、今でもジブラルタルなど植民地を持っています。コモンウェルス、英連邦というかたちで緩い結びつきではあるけれども外部領域を持って、そこに一定の支配が及んでいる。それは基本的にイギリスが帝国だということです。

帝国の特徴は統治が均等ではないことにあります。宗主国と植民地、内部と外部という基本的な構造があって、内部と外部においては適用されるゲームのルールが違う。

例えば沖縄は日本の国内植民地です。沖縄の予算はどう決められているか。島根県が橋をつくりたいと考えたとしたら国交省に陳情に行きます。しかし、沖縄と北海道だけは仕組みが違います。北海道開発局、内閣府の沖縄担当が、北海道のため、沖縄のための予算を組むという仕組みです。沖縄と北海道の人たちには自分たちの力で予算を組む能力がないから、中央政府がかわりに予算を組んであげるというシステムなのです。

こうしたことは意外と知られていませんが、予算の組み方もまったく違います。だから沖縄振興のために三〇〇〇億を渡したと聞くと、巨額のように見えるかもしれません。たしかに沖縄は人口一人あたりの国庫支出金は多いですが、国庫支出金と地方交付税の合計額でいえば、全国で一二位です（平成二六年度。岩手、宮城、福島を除く）。これは沖縄県のホームページに出ています。

このように、あなたたちにはできないだろうからと、いわゆる上から目線で面倒を見るのはパターナリズム（父権主義）です。そのかわり、そこではローカルルールが適用されます。沖縄の選挙では一人の候補が街宣車を三台ぐらい使っています。東京の選挙でそのようなことをしたらすぐに公選法違反で捕まってしまいます。このように、周辺地域においては適用されるゲームのルールが異なってくるということが帝国の一つの特徴です。

言語という政治的概念

言語についていうと、『ふしぎなイギリス』にはおもしろい観察が書いてあります。

——ウェールズで驚いたのは、ケルト語系のウェールズ語が思った以上に普及していることだった。ウェールズ語を話すのは人口の2割だが、道路やホテル内の標示は全て英語との2言語併用だ。当然、議会の公用語でもあり、BBCにはウェールズ語放送もある。イギリス政府が1993年に「ウェールズ言語法」を制定し、ウェールズ語を英語と対等な地位にした成果だった。

ウェールズ議会を訪れ、ダフィード・エリス＝トーマス議長（与党・労働党。当時）に会った。自らのアイデンティティをどう捉えているかを尋ねると、「私は連合王国の市民だが、ナショナリティはウェールズだ」との答えが返ってきた。ウェールズの望ましい将来像については、「独立」という言葉は使わず、「EU内での完全な国家的地位（ナショナル・

ステータス）の獲得」だと語り、20〜30年でウェールズの「国の形」は変わるだろう、と予測してみせた。（二八二ページ）

佐藤　ここは非常に重要な話です。議長は、連合王国の市民という表現をしていますが、この議長が述べていることはむしろ臣民という考え方に近い。要するにその王朝に対して忠誠を誓っているということです。

それに対してネイションは、独立国かどうかはわからないけれども何らかの政治性を持った萌芽的な形態であり、国家性を持ちます。いま沖縄で起きていることはまだナショナリズムにはなっていない。ネイションの初期形態です。ただし、沖縄人がエスニックグループであることはまちがいない。

ロシア語ではナロードノスチ（亜民族）という、興味深い表現が古くからあります。民族は近代的な現象であるのに対して、亜民族とは、自分たちは同胞だと考えて、文化的な共通性を非常に強く持っているグループで、その鍵になるのは言語です。そのグループはだいたいある国の大きな辺境地域に位置するが、その隣の国に糾合されても独立国になってもおかしくなかった。しかし国家統合のなかにおいては完全には統合されていない地域がある。そうすると状況の変化によって亜民族がネイションになる可能性はある。

亜民族というのは基本的には関係性のなかから出てきます。だから亜民族という見方を採用する人たちは三層の構造で考えています。

エスニックグループは、例えばニューギニアの高地人やアフリカのさまざまな部族です。そのようなエスニックグループでは、文化的な紐帯といっても、血がつながっているなど非常に狭い範囲に限られます。ところが亜民族となると、同じ血族・部族・部族連合というものに広がります。その際に重要なのが言語で、言語を共有している人たちはだいたい同じ共同体に所属しているという意識になる。

いま言語の数は減少する傾向にあるけれども、おおよそ一万ぐらいあると見ていいでしょう。そのなかで方言と言語という区別はほとんど意味がない。アラビア語は書き文字としては一言語ですが、サウジアラビアの人とエジプトの人の会話は通じない。コーランのアラビア語、書き文字でやりとりするか、英語でコミュニケーションをとるほうが早いかもしれない。そういうことから考えるならばスラヴ諸語は、セルビア語とクロアチア語を別言語としているけれども完全にコミュニケーションが可能です。あるいはマケドニア語とブルガリア語とかもそうです。チェコ語とスロバキア語だったら七割ぐらいわかる。ロシア語とチェコ語は二、三割わかる。でもスラヴ諸語のほうが口語レベルでのアラビア語の距離からすると近いのです。

琉球語と日本語の場合もかなり違う。例えば「皆さんおはようございます。ご機嫌いかがですか」を琉球語で言うと、「ハイサイグスーヨーチューウガナビラ」となる。耳から聞いていると、同じ意味の言語であるとはまず理解できない。それぐらい離れている。もちろん言語構造を解析していくと、平安時代の日本語と文法の骨格は非常に似ています。では言語なのか方言なのか、その違いは何かというと、独立軍隊を持っていたら言語だとロシアの民族学者のセルゲイ・チェシュコ先生が笑いながら言っていました。つまり、そういう政治的な概念ということです。

いま国連加盟国は一九〇ぐらいですが、言語的なことを基準に考えれば、一〇〇〇の国が独立できると考えてもふしぎではありません。しかしそれでも残り九〇〇は独立できない。ということは、一つの成功したナショナリズムには九つの潜在的なナショナリズムがある。これをどう処理していくかはたいへんな問題です。

ウェールズ、スコットランドの場合はやはり言語の問題があります。スコットランドの場合はスコットランド語(ゲール語)をしゃべる人はほとんどいないけれども、自分たちは独自の言語を話していたという記憶がある。琉球語の場合も、いま琉球語を完全に使いこなせる人はおそらく六〇代以上になってしまいますが、近過去において我々は独自言語を話せていたという過去の言語の記憶がある。これが非常に大きい。

日本も、沖縄にかぎらず、会津は会津の、鹿児島は鹿児島の現在の自分たちの方言を表記していくと、会津と鹿児島の日本語はお互いに通じません。会津人、薩摩人という亜民族が生まれた可能性はじゅうぶんあります。

特に会津に関しては、戊辰戦争で新政府は埋葬すら認めないという扱いをしました。しかし明治維新政府は東北を失うことは危険だと思ったので、ナンバースクールの二高は仙台に設置しました。第二師団も大阪や京都ではなく仙台です。このように、明治以来、政府は東北優遇策をとってきた。ところが、京城や台北に帝大があったにもかかわらず沖縄には高校すらなかった。東北と沖縄では完全に統治システムが違うわけで、ある意味では手抜きをしたつけが来ているともいえます。だから亜民族というのは上手にやれば同化できるが、同化へのエネルギーは相当かかるのです。

民族問題というのは、いまの日本人の九九パーセントにとっては異質な、ひじょうにわかりにくい問題です。多数派には少数派のことはそもそもわかりにくい。しかし、そうしたことを知識としておさえておかないと、激動する国際情勢の本質がみえてこないのです。

（二〇一六年八月三〇日）

第四章文献ガイド

笠原敏彦『ふしぎなイギリス』講談社現代新書、二〇一五年
佐藤優『現代の地政学』晶文社、二〇一六年
プレハーノフ（川越史郎訳）『マルクス主義の基本的諸問題』プログレス出版所、一九七八年
マッキンダー、ハルフォード（曽村保信訳）『マッキンダーの地政学――デモクラシーの理想と現実』原書房、二〇〇八年

第五章　貧困と資本主義
——商品社会のカラクリ

現代の貧困と『貧乏物語』

佐藤　おはようございます。今日の日本を取り巻く最大の危機ともいえるのが、構造的な貧困です。子どもの六人に一人が貧困層という状況に突入していますが、この問題を考えるうえで、参照すべきなのが、一九一六年に発表された河上肇《かわかみはじめ》の『貧乏物語』です。河上は、構造的な貧困がなぜ生じ、それを克服するにはどうすればよいかという問題を正面から受けとめ、格闘しました。

この『貧乏物語』は当時『朝日新聞』に連載されて、大反響を巻き起こしました。河上の考え方の基本はトマ・ピケティと同じです。要するに再分配政策です。ただし、トマ・ピケティは、国家が介入することにより再分配をおこなっていくという考え方だったのに対し、河上肇は、お金を持っている人たちが良識で自分たちのお金を貧しい人たちに分けなさい、社会を維持するために良識を働かせなさい、こういう道徳に訴えるスタンスだった。これを当時のマルクス主義者たちは非科学的であると批判したわけです。

しかし我々が前提としておさえておかなくてはならないのは、マルクス主義者たちはシステム全体を変えようとしていたということです。人間はぎりぎりのところまで追い詰められれば革命に立ち上がるであろう、と彼らは考えていました。国家が介入したり、あるいは資本家が同情心から貧しい人たちにお金を再分配したりして、社会的な平等が担保されてしまうと、かえって革命の時期がおくれるという発想だったのです。

河上は、この『貧乏物語』以後、マルクス経済学者としての道を歩みはじめ、非合法であった日本共産党に入党し、一九三三年に特高（特別高等警察）に思想犯として検挙され、刑務所に収容されます。収監後、河上は共産主義運動とはまったく関係を断つとの転向声明を公表します。私が現代語訳・解説をした『現代語訳　貧乏物語』（講談社現代新書）から、解説の部分を読んでみましょう。

――従来、『貧乏物語』は、彼の助走期ともいうべき時代に書かれた著作で、その後正しいマルクス主義者に変身を遂げたというとらえ方が一般的であった。しかし、私は、『貧乏物語』こそが、スターリン主義（ソ連型共産主義）から距離を取った河上肇の原型のように思える。

この時代、スターリン主義の猛威が吹き荒れていた。共産党の運動は、国際共産党（コミンテルン）インターナショナルの運動にしたがうことによってのみ問題は解決する。こういうドグマが支配的な時代だった。このようななか『貧乏物語』以後の河上は、共産党に引き寄せられた、他の戦前の知識人と同じように、自ら考えることを放棄してしまった

という側面もあるように感じられてならない。（一九ページ）

佐藤　現在と違うのは、共産党が持っていた知識人に与える影響力の強さです。日本共産党は国際共産党（コミンテルン）の日本支部としてできた。ただ、この団体に入っていると治安維持法違反により検挙される。最悪の場合には死刑になる可能性があった。死刑にならないにしても、特高の拷問はかなりきついから、人生のほとんどを棒に振るだけではなく、拷問により身体に障害が一生残ることもある。

それぐらいのことを覚悟して党に入るということだから、逆に党の指令に従うことにより自分の人生を歴史のなかで意味のあるものにしていくというような回路に吸収されやすい。それゆえに共産党系に入ると、思考が停止してしまうということがありました。今の日本共産党も少しソフトになっているだけで、本質は変わっていません。

講座派と労農派

日本のマルクス主義者の歴史を考える場合、こういう共産党系のマルクス主義者を講座派といいます。岩波書店から『日本資本主義発達史講座』という本が出ていて、執筆した人たちに共産党員が多かったことにちなんでつけられました。

それに対してもう一つのグループが、労農派で、非共産党系のマルクス主義者グループです。国際基準でいうと、ドイツ社会民主党の左派、それからオーストリアの社会党（一九九一年、オーストリア社会民主党に改称）に近いグループです。

講座派のマルクス主義は、日本には特殊な型があるという考え方で日本の資本主義を分析する。日本を絶対主義天皇制であるととらえ、天皇制を打倒して、まず市民革命をおこなって、資本主義をつくらなければならないという、かなり現実からずれた見方をしていました。

それに対して労農派はどう考えたか。日本はかなり高度な発達した資本主義社会だが、農村分解がじゅうぶんになされていないのは、後発資本主義国だからととらえました。農業のための機械もかなり進んだものを導入しているから、農村すべてを分解しないでも構わない。しかも実際には景気変動がある。景気変動の受け皿として、商品経済とは異なる部分、自給自足できる部分を農村に残しておくことが、資本主義の変動面になると考えたのです。このように、日本はかなり高度に発達した資本主義国だという見方をしていました。だから彼らにとって目標とするのは社会主義革命でした。

共産党は民主主義革命、ブルジョワ革命、つまり具体的には、三井や三菱など、当時の財閥がより活動しやすくなるような環境を資本主義社会につくり、そのつぎの段階で社会主義にしていくという、二段階革命を志向していました。

共産党、労農派のその後を見てみると、共産党は徹底的に弾圧され、社会主義革命を主張した労農派は、逆に初期においてはほとんど弾圧されませんでした。その違いは、ひとつは、共産党が天皇制の打倒をうたったからです。

戦前の日本では革命なんて言えなかったのではないかと勘違いをしている人は少なくありません。しかし、革命というのは別に左翼の専売特許ではなく、むしろ右翼のほうがよく使った言葉でした。

右翼には、錦旗革命、つまり、にしきの御旗を掲げて、天皇の意向に反している君側の奸《かん》を除去して革命、維新をおこなうという発想が強くありました。

また、資本主義自身に問題があり、資本主義を超克しないといけないという考え方は日本の軍部においても、それから企画院をはじめとする経済官僚エリートたちのなかにも共有されていた。そういうことを考えてみても、社会主義を主張することは、じつはそれ自体においては治安維持法違反にならなかった。だからこういうねじれが生じるわけです。

そういうねじれがあると、共産党からは労農派はどう映るか。要するに本来対峙しなければならない天皇制との対決を回避して、実際には実現しそうもない社会主義革命という空文句《からもんく》を唱えている。資本主義的な言い回しを使うことにより逆に体制を延命しているように見えるわけです。

一方、労農派から見ると、共産党というのは、日本は高度に発達した資本主義国であるにもかかわらず、あたかも天皇制の力が強大で、地主が支配しているというような、非常に主観的な分析に基づいていて、時代錯誤、まったく無意味なところでエネルギーを使っているように見える。

このようななか、講座派、共産党系は、社会ファシズム論を言い出した。共産党はまず社民主要打撃論を唱え、労農派マルクス主義を壊滅させないと日本の革命はできないということで、「内ゲバ」の論理を取り入れる。これはその後の日本のマルクス主義に暗い影を落とします。

それに対して労農派は共同戦線を張ります。このままでは軍を中心としたファシズムの時代がやってくることに危機感を覚えた労農派の人たちは、共産党みたいな、自分たちがエリートだというような政党は要らない、農民運動でもいいし、キリスト教でもいい、軍のファシズムに反対する人たちを糾合して、できるだけ合法であることが重要と考えたのです。非合法のロマン主義で何かをやっても、そんなものはすぐに潰されてしまう。合法的な民意を結集したほうがいいという考え方です。

共産党は、当初は社民主要打撃論の立場をとっていましたが、途中で、今度はコミンテルンが社会民主主義者と組めという統一戦線の指令を出します。共産党も社会民主主義者と一緒にやろうと言うが、そのときには共産党の基盤はほとんどなくなっていました。まず共産党系が弾圧され、それから一年後には労農派が弾圧されます。ほかにも弾圧は河合栄治郎をはじめとする反共自由主義系、当時の軍部と非常に近い関係にあった大本などにまで及んでいたのです。

一〇〇年前の深刻な格差

戦前の格差はどれぐらいだったのか、我々には皮膚感覚ではわかりにくいところがあります。この点について、河上が紹介している図があります。イギリスが貧富の差が一番激しく、要するに最富裕層がほとんどの富を持っていたことがわかります。この図では、国民全体の下から六五パーセントを最貧者としているのですが、比較的下層階級が裕福なアメリカでも国民全体の富のわずか五・二パーセント、イギリスではわずか一・七パーセントの富しかありません。当時の計算で、今のGDPなどとは違いますが、これほどに極端な状況は、現在の先進資本主義国にもないでしょう。ただ、現在の深刻な格差の状況は、一〇〇年前の状態に戻ろうとしているように見える。だから問題になっているのです。

さて、この図では、全人口のわずか二パーセントに相当する部分を最富者としていま

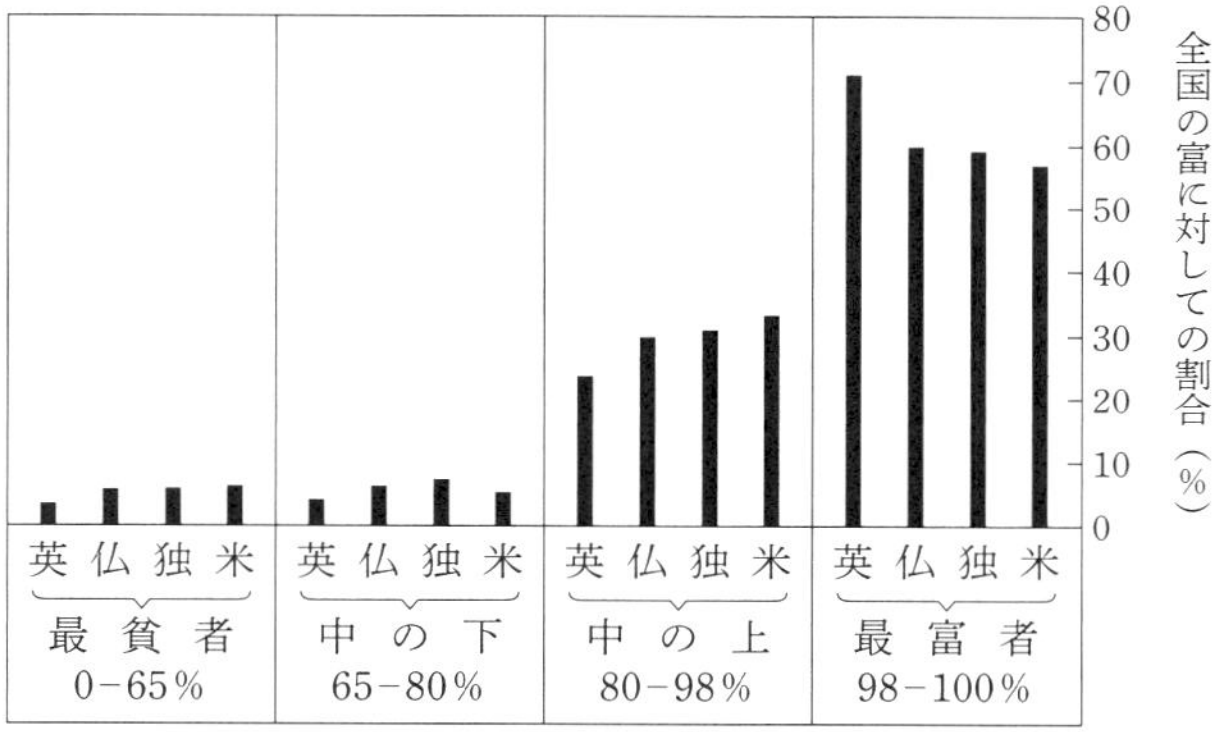

	全国の富に対しての割合				その富の平均所有額(ドル)			
	英	仏	独	米	英	仏	独	米
最富者(全人口の2%)	71.7	60.7	59.0	57.0	181,610	85,500	59,779	135,715
中の上(全人口の18%)	23.7	29.4	30.6	33.0	6,670	4,602	3,445	8,730
中の下(全人口の15%)	2.9	5.6	5.5	4.8	979	1,052	743	1,524
最貧者(全人口の65%)	1.7	4.3	4.9	5.2	133	186	153	381

*独はプロイセン、米はウィスコンシン州のデータ。調査の年代は米は1900年、英、仏は1909年、独は1908年

英仏独米の富の分配状況(『現代語訳 貧乏物語』54ページより)

す。人数でいえば、全人口の二パーセントにもかかわらず、イギリスでは、国富の七一・七パーセント、フランスでは六〇・七パーセント、ドイツでは五九パーセント、アメリカでは五七パーセントにもなります。このあたりの数字は、現在の日本の実態に近いものかもしれません。ただ、日本の場合、金持ちが不動産に投資するので、構造が少し違っているということはあるでしょう。

いまメガバンクなどが定めている富裕層の基準は、だいたい純金融資産で一億円以上です。これには不動産は含まれません。預貯金、有価証券、保険などです。割合でいうと、日本ではだいたい二、三パーセントです。

国際基準だと金融資産でだいたい三〇億円以上持っているのが超富裕層ということになっています。しかし、それは日本ではほとんどいません。だから日本のメガバンクの場合は、銀行によって違いはあるものの、三億とか五億円以上の金融資産を持っている人を超富裕層としているが、そうした人はだいたいビルも二、三所有しています。お金を銀行に寝かせて遊ばせておくようなことはないし、株式などでリスクをとるよりは、日本の場合は土地に投資するという傾向が強くあります。日本で金融資産を二、三億円持っているような人間は、土地なども考えれば、金融資産よりもはるかに大きな財産を持っていると考えていいでしょう。

日本型の社会民主主義——資本主義と共産主義のはざま

私は一九六〇年生まれですが、少なくとも我々の世代というのは、現在の若者たちとくらべると、ひどい格差や貧困をいままで経験していないといえます。なぜか。

ひとつは、歴史的な背景です。

太平洋戦争が近づくにつれ、日本は国家総動員体制をつくりました。じつはそのときに終身雇用制は定着しています。戦争で夫が、男が戦場にとられても、会社は給与を払いつづけようとしたのです。それから厚生年金、あるいは健康保険などの制度が、対象は世帯主だけでしたが、整えられていきました。

借地借家法が圧倒的に借り主に有利なかたちでつくられたのもこの頃です。一回借りたら貸し主が追い出すことはまずできない。家賃を上げたくても、相手がいままでの家賃を払いつづければずっと居座ることができる。こういう権利というのは全部、総力戦体制を遂行するために、当時の政府が、特に軍部の意向を踏まえてつくったものです。だから日本の社会福祉の原型は、じつは総力戦体制にあるわけです。

第二次世界大戦後になると、共産主義の脅威がありました。国民の負担、富の過度な格差が生じてしまうと、人びとは社会主義に向いてしまうのではないか、政府など指導者層はこのように考えました。

では、人びとを社会主義に向かわせてしまわないために、国家が介入して、強制的に再分配することによって、貧しい人にお金をまわすのかといったら、そうではありませんでした。たとえば、中央と地方のあいだの格差は、公共事業を通じて是正していくというやり方をしました。こうした政策手法を、私は日本型の社会民主主義と言っています。慶應義塾大学の井手英策《いでえいさく》さんは勤労国家レジームという言い方をしています。

一生懸命働けば、そういった人はそれなりに見返りがある。国家もそんな極端な蓄積はしないし、企業の内部留保もさせない。利益を蓄積させず、銀行から借りさせるようにする。そうやって右肩上がり経済をつくっていた。社会主義革命を阻止するために、極端な貧困が起きないように、このような方法が取られたのです。

こういった国家のありかたを、我々は普通、福祉国家と言うでしょう。マルクス経済学では国家独占資本主義と言います。要するに資本主義体制を維持するために、独占資本という大きな資本と国家が結びつくという方法です。個別の資本の立場からすれば労働者の賃金を上げる必要はない、福利厚生を手厚くする必要もない、それよりももっと企業の利益をふやしたいというのに対して、国家がそれはいけないと干渉する。そうして、トータルなシステムとして資本主義を生き残らせるという考え方です。

こうした考え方を、ドイツのフランクフルト学派では、ユルゲン・ハーバーマスたちが後期資本主義という言い方をしました。発想は同じで、要するに成熟していった資本主義が、社会主義になるのをどう阻止するかということです。

ただ後期資本主義という表現はおもしろい。後期というのはいつか終わりがあるということです。やはり資本主義システムはいつか限界が来て、それにかわる社会主義システムになるということは、ドイツのフランクフルト学派でも了解されていたわけです。

ちなみに、ユルゲン・ハーバーマスの『晩期資本主義における正統化の諸問題』という本が岩波書店から以前出ていました。この本では後期資本主義を晩期資本主義と訳しています。いまは絶版になってしまっているので、公共図書館で読むといいと思います。とてもいい本です。

ただし、一九七〇年代の終わりぐらいから、ソ連は張り子の虎ではないか、だから社会福祉政策などにそれほど力を入れなくてもいいのではないかという考え方があらわれます。これがレーガンであり、サッチャーに代表される新自由主義のはしりです。

最終的にソ連型社会主義が崩壊した後、情報が開示されると、我々は社会主義国の実情を知ることとなりました。たしかに医療は無料だったが、非常に質の低い医療だったことがわかったのです。

教育はそれ自体の質は高かった。しかし高等教育になった段階において、いろいろな情報の規制が多く、基礎数学の水準が非常に高いにもかかわらず、ハイテク戦争では西側に太刀打ちできない。これは、開かれた社会ではないために、非常に選択的なかたちでしか情報が与えられず、社会の知的能力をじゅうぶんに吸収することができなかったからです。

ほかにも環境問題、ジェンダーなどの観点から見ても、ソ連は魅力がなくなってしまった。その結果、日本人が社会主義に流れることはないだろうということで、資本主義が伸び伸びと育って現在に至っているわけです。

負の相続税というソフトファシズム

フランスの経済学者トマ・ピケティは現代の格差を、国家の介入によって富裕者から税を取るかたちで直そうとしています。

負の相続税という話を聞いたことはありますか。前の世代の富を国民が一律にもらえる。例えば誰もが二〇歳になったとき国から五〇〇万円を給付される。そのかわり、財産で一億円、二億円残している人びとは、高率の相続税が課され、ほとんど召し上げられてしまうというものです。

そもそも相続税は富裕層のほうからすれば、いったん所得税を払って、残っている自分のお金がもう一回相続のときに取られるということだから、二重課税に映るわけです。いまは相続税を払ううえで、相当の控除があるので、通常の家庭だったら、東京の二三区内に持ち家がある、土地つきの戸建てを持っているか、あるいは一二〇平方メートルもあるようなマンションを持っている人でないかぎり、住宅の相続は問題なくできると思います。

ところがだんだん規制が強化されて、住宅自体を売り払わないとならない状況にまでいくかもしれない。

いずれにせよ、いまの体制をこのままにしておくと、あまりにも貧困層がふえ、しかも上にはい上がることができないという貧困層の固定化が生じるという危機感が国家にはあります。教育の水準が低下し、経済の弱体化につながるのを恐れているわけです。だから富裕層への課税強化などの対策を取ろうとしています。

しかしそのやり方は、私自身トマ・ピケティと話していて感じましたが、ソフトファシズムです。ファシズムの特徴のひとつはエリート主義です。要するに全体の利益はわかっているエリートたちが、国際的に連携して、金持ちたちの金を取り上げて、それを貧困層に再分配する。その背後にあるのは国家の暴力装置です。

ムッソリーニはこれをもう少し乱暴な発想でおこない、労働者と経営者と国家の三者委員会をつくって、賃金はそこで決めるとした。雇用は一〇〇パーセント確保する。雇用しない、労働者を解雇する資本家は投獄すると脅す。他方、労働者にはストライキ権をいっさい認めない。働かざる者食うべからずだと。そして一人は万人のため、万人は一人のためと、協同組合国家をつくっていくのがムッソリーニの理想だった。それをソフトにしたのがトマ・ピケティのモデルです。

一握りの成功者しか子どもを大学に入れられない

こういうモデルは、結局は官僚支配のなかで行き詰まるような状態になってくる。だからアメリカはそういうかたちでの社会構造の転換に断固反対している。基本的に自由を守るというかたちでやっています。

栄陽子《さかえようこ》さんの書いた『留学で夢もお金も失う日本人』(扶桑社新書)という本は非常におもしろい。アメリカ留学についての本ですが、アメリカの現在の置かれている状況が描かれています。

この本によれば(一九ページ)、ハーバード大学の学費(授業料と寮費、食費を合わせたもの)は、年々高騰し、二〇一六年度には約六万三〇〇〇ドル(約六七〇万円)まで上がったといいます。他の有名大学、たとえば、イエール大学が約六万五〇〇〇ドル、スタンフォード大学が約六万二〇〇〇ドル、ニューヨーク大学が約七万二〇〇〇ドル、ボストン大学が約六万五〇〇〇ドル。米国ドルレートにもよりますが、だいたい一年で六五〇万円から七五〇万円ということです。アメリカでは学歴として大学院を修了することが求められますから、六年行くとすれば学費だけで四五〇〇万円近く見ておかないといけない。

これらの有名大学は私立ですが、学費高騰は公立の州立大学にも及んでいると栄さんはいいます。UCバークレー約五万五〇〇〇ドル、UCLA約五万五〇〇〇ドル、ミシガン大学約五万六〇〇〇ドル、ワシントン大学約四万七〇〇〇ドル、バージニア大学約五万六〇〇〇ドル。州内の学生とそれ以外の学生では学費も異なるようですが、州外の場合、州立大学でも年間六〇〇万円近くかかるということです。そうしたら六年間で約三六〇〇万円かかるということになります。

もはやアメリカの私立大学に関しては、両親ともウォールストリートの投資銀行で働いているような家庭でも厳しくなってきています。ほんとうに一握りの成功者しか子どもを大学に送ることができません。

アメリカは少子高齢化と関係ないように見えるかもしれませんが、子どもをたくさん産んでいるのはアメリカの貧困層です。高等教育を受けている、特に中産階級上層部の若者はいま、子どもをつくることを断念しています。

子どもを食べさせることはできる。高校まで進学させることはできる。しかしその先、大学に上げられないのがはっきりしている。アメリカの場合は受けてきた教育と収入がそのまま比例します。そうすると、子どもをつくっても、アメリカ社会の最底辺部で自分の子どもが生きていくことになるのではないかと恐れます。

しかし、アメリカの大学はそれでも困りません。世界中のお金を持っている連中が自分の子どもをどんどんアメリカに送ってくるからです。現在のその代表が中国です。

日本は現在、このアメリカ型のモデルを踏襲しています。日本でも、アメリカほど劇的ではないにしても、同じようなことが起きつつあるのです。

日本の学費を見てみましょう。これは二〇一四年時点での文科省のデータですが、国立は年間五〇万円、では私立大学はというと、文科系学部で入学金平均二四万二五七九円、授業料七四万六一二三円となっています(初年度。他に施設設備費がかかる)。授業料と施設設備費の四年分の合計では、三六一万六九六四円。現在ではもう少し上がっている感じがします。

医学部・歯学部の数字もみておきましょう。入学金が一〇三万八一二八円、授業料が二七三万七〇三七円、施設設備費が八三万一七二二円。医学部・歯学部は六年制だから、そうするとかかるのは二一四一万二五五四円。それでも、アメリカの普通の州立大学に六年間いることを考えれば、日本の私立の医学部のほうがはるかに安い。

では、アメリカの大学ではなぜ、この一〇年ぐらいのあいだに急速に授業料が上がってしまったのか。これはリーマン・ショックの影響です。アメリカの大学は、一つはOB・OGたちの寄附によって、もう一つは大学自身の投資によって成り立っています。富裕層のOB・OGが寄附する余裕がなくなり、大学も投資で穴をあけた。この二つによって、そのしわ寄せが学費に来たわけです。

さらに、州立大学の状況が悪くなっているのは税収が減っていることが背景にあります。日本にとって、まったく人ごとではなく、同じような状況が起きているのです。

貧困問題は教育問題

では、ヨーロッパはどうか。あいかわらずドイツ、フランスは授業料がただです。ロシアでも基本の授業料はただで、大学、例えばモスクワ大学には無償部門と有償部門がありきます。有償部門というのは、年間それこそ七〇〇万、八〇〇万円取ります。しかし、この有償部門に通う連中は金で学位を買うわけです。ロシアの大学は旧来のドイツ型システムなので五年制です。それに対して、学位が買えるところは国際基準大学といって四年制です。ロシア人はそのように割り切っています。金で学位を買ったのか、ほんとうに学力があるのか、見ればわかるからです。

ただ、ロシアもヨーロッパも、すべての人が大学に進学したいという日本の雰囲気とはまったく違います。大学には、勉強の好きな者が進むというのが前提になっています。アメリカやこれから日本で起きてくるような、子どもに資質があるけれども経済的な理由で高等教育が受けられない、あるいは高等教育を受けている両親が経済力を理由に子どもをつくるのを断念するということはヨーロッパではありません。

中長期的にはアメリカの地位がつねにトップだということを言いますが、それはあくまでも知的に優秀な人びとが流入してくるからトップなのです。アメリカ自身の下支えというのが今後二〇年か三〇年で急速に弱ってきます。それに対してヨーロッパの自前のエリートを内側から輩出するシステムというのはつづく。

日本は、どちらかというとアメリカモデルですが、アメリカほどには徹底できないでしょう。ただ、いまの状況だと、日本も学歴としては大学院まで求められます。そうすると、一〇〇〇万単位のお金が必要になり、やはり教育を断念する人がかなりふえてくるはずです。

明治以降、経済は時々右肩下がりの時期がありましたが、教育は一貫して右肩上がりだった。だから私の例を見ても父親は工業学校の定時制卒です。母親は高校を出た後、看護学校を中退。だけど、その子どもは一応大学教育、大学院教育を受けて、その後外務省に行くというようなことができた。これは戦前では絶対なかった。その意味においては、階級流動性がありますが、そのポイントは教育です。誰でも高等教育を受けられるということがなくなってくると、大きく構造が変わってきます。だから貧困問題はイコール教育問題でもあります。

『資本論』を読む

では、なぜ資本主義はやりたくもない競争をさせられて、格差がこんなに拡大してしまうのか。それを解く鍵の入り口になるのが『資本論』です。

ふだん、私は『資本論』を比較的丸めて話をしていますが、資本論全体の構成についてわかりやすく説明したものとして、新潮社から『いま生きる「資本論」』と『いま生きる階級論』という本を出しています。

『資本論』というのは有名ですが、読んだことのある人はほとんどいません。『資本論』の翻訳として代表的なものに、岩波書店版（向坂逸郎《さきさかいつろう》訳）と、大月書店から『マルクス＝エンゲルス全集』（岡崎次郎《おかざきじろう》訳）として出ているものがあります。

この二つは労農派のものであり、訳は比較的ドイツ語に忠実です。それと別に、新日本出版社から新書と単行本で出ています。こちらは、共産党の立場から訳されたものです。

共産党の見方では、岩波書店の『資本論』や大月書店の『資本論』はソビエト編纂版なので、ソ連の偏見が入っている。それに対して、新日本出版社版はエンゲルスのオリジナルを翻訳したと言っています。エンゲルス版は、もともとは高畠素之《たかばたけもとゆき》という、日本の右翼の国家社会主義者で、同志社大学の神学部を中退した人が全部訳している。じつは、新日本出版社のものは、それと本質において変わらない。どの翻訳がいいかということであれば、文句なしに岩波版を使ったらいいと思います。

資本主義のカラクリ

さて、『資本論』には何が書かれているか。『資本論』というと、革命の本と勘違いしている人もいますが、違います。資本家の見習いの人を対象にして、資本主義というのはこういうカラクリになっていますよと、仕組みを説明している本です。

資本主義社会において、人間の価値というのは、たった一つ、労働からしか生まれない。労働力には、労働力の価値と使用価値がある。

『資本論』の「商品と貨幣」についてのところを読んでみましょう。

――資本主義的生産様式の支配的である社会の富は、「巨大なる商品集積」として現わ

れ、個々の商品はこの富の成素形態として現われる。したがって、われわれの研究は商品の分析をもって始まる。（四五ページ）

佐藤　資本主義社会のポイントは商品だということです。商品の価値と使用価値がある。使用価値とは、水だったら飲むことができる、おしぼりだったら手を拭くことができる、ボールペンだったら書くことができる、時計だったら時間を知ることができるということ。使用価値は全部ばらばらです。一方で使用価値のない商品はありません。

それに対して商品の価値というのは何か。ボールペン一五〇円、コーヒー二〇〇円というように、商品の価値は、すべて異なります。でも、商品は交換することができる。その交換するときの基準となるようなものが価値です。日常用語で「価値」というと、むしろ使用価値に近いから、ここのところを混同しないようにしてください。

もっと平たく言うと、最終的にお金と交換できるということです。だからうんと乱暴に言うと、価値イコールお金と考えていい。

ただここで、使用価値についてもう少し考えてみます。もし自分が使うのだったら、私がいま机に置かれている水を自分で飲むのだったら、これを売りに出しますか。出しませんね。だから使用価値というのはつねに他人のための使用価値です。

私が資本家だとします。目的は金もうけ。別に水を売ろうが、魚を売ろうが、アダルトビデオを売ろうが、聖書を売ろうが、それがお金になれば何でもいいわけです。そうすると、いいかげんな品質の使用価値であってもばれなければ何でもいいということになります。

ばれないだろうからといって、廃棄用の食材を平気で弁当に入れるのは、目的は金もうけだから業者にとっては構わない。あるいは韓国で一昔前にごみ餃子問題があった。自分は食わないのだから構わないのだと。他人のための使用価値という概念をつかんでおけば、その原因がわかります。資本主義社会というのは、使用価値は他人のためのものので、資本家は価値だけを追求していくことになるから、売り逃げるという現象が生じてくる。

商品というのはどの時代にもあります。しかし我々の時代はすべてのものを商品で買わないとならない。例えば本来、知的な事柄を何か伝授するというのは、商品化されるものではないわけです。

ギャランティー、ギャラと言いますね。そもそもギャランティーみたいなものはウェイジ、賃金とは異なります。賃金はある種の対価性がある。ギャラには対価性はない。むしろ志《こころざし》と同じです。商品では換算できないという、とりあえずの立場に立っているから。江戸時代の寺子屋は、金を持ってくる人もいたが、大根を持ってくる人、米を持ってくる人もいて、要するに自分が持ってこられる範囲のもので先生へのお礼を持ってきました。

ただ、商品社会というのはいったん成立すると、すべてのものを商品にしてしまいます。商品にしてはいけないようなものまで商品にする。例えば風俗産業。あるいは教育産業もそうです。予備校というのは基本的には夢を売るビジネスです。東大、京大に確実に入れる学生たちというのは、特待生か何かで囲い込んでしまう。そして東大進学クラスに、まず東大には入れないだろう学生たちをたくさん集めて、ついていけないような教材で勉強させる。それによって本人としてはやれるだけやったのだ、夢を追求したのだというかたちで諦めさせる、それが予備校のビジネスです。

商品は貨幣を愛する

では、なぜすべてがお金で買えるということになってしまったのか。

――単純な、個別的な、または偶然的な価値形態

x量商品A＝y量商品B　あるいは、x量の商品Aはy量の商品Bに値する（亜麻布20エレ

＝上衣1着　または二〇エレの亜麻布は一着の上衣に値する）。（六三ページ）

佐藤　マルクスは＝（イコール）を使っているが、マルクスの数学は相当いいかげんです。イコールとはそもそも入れ替え可能ということですが、これはひっくり返せません。じつはその解釈でもだいぶ異なるわけです。

x量の商品を持っている人、では餃子を山ほど持っている人を考えてください。上着一着を持ってくれば、餃子を六〇〇個渡しますと言っているとします。これは価値の形態を表明しているわけです。欲望の表明でもあります。でも実際に上着を持っている人が餃子を欲しいかどうかはわからない。

交換が成立するかはわかりませんが、成立することもある。ではどうすればいいか。餃子を持っている人は、一回みんなが誰でも欲しがるものに換えておけばいいでしょう。例えば米。米に一回換えておけば、今度は米から上着を手に入れることができるし、米から水を手に入れることができるし、米からICレコーダーを手に入れることができる。こういうような米の地位にあるものを、『資本論』の用語では一般的等価物という。この一般的等価物というのは限りなく貨幣に等しい。

ではその後、一四一ページを読んでください。

――商品は貨幣を愛する。が、「まことの恋がおだやかに実を結んだためしはない」〔シェイクスピア『夏の夜の夢』第一幕、第一場、一二二ページ。邦訳、土居光知訳、岩波文庫版、三八ページ〕ことを、われわれは知っている。

佐藤　「商品は貨幣を愛する」とはどういうことか。私は商品をつくる。この講座だって商品です。商品は貨幣を愛している。みんなに買ってほしいわけです。しかし恋だってそうですが、誰かのことを好きだからといって、相手もこっちを好いてくれるかはわからない。だから商品の片思いです。逆に貨幣は、資本主義社会はすべてが商品化されているから、貨幣があればどんな商品でも買える。貨幣は、どんな人とでもつき合える。どんな商品、どんな欲望でも手に入るということです。

つぎに、九四ページを読んでください。

――第四節　商品の物神的性格とその秘密

一つの商品は、見たばかりでは自明的な平凡な物であるように見える。これを分析して見ると、商品はきわめて気むずかしい物であって、形而上学的小理窟《こりくつ》と神学的偏窟にみちたものであることがわかる。商品を使用価値として見るかぎり、私がこれをいま、商品はその属性によって人間の欲望を充足させるとか、あるいはこの属性は人間労働の生産物として得るものであるとかいうような観点のもとに考察しても、これに少しの神秘的なところもない。人間がその活動によって自然素材の形態を、彼に有用な仕方で変えるということは、真昼のように明らかなことである。例えば材木の形態は、もしこれで一脚の机を作るならば、変化する。それにもかかわらず、机が木であり、普通の感覚的な物であることに変わりない。しかしながら、机が商品として現われるとなると、感覚的にして超感覚的な物に転化する。机はもはやその脚で床の上に立つのみでなく、他のすべての商品にたいして頭で立つ。そしてその木頭から、狂想を展開する、それは机が自分で踊りはじめるよりはるかに不可思議なものである。

佐藤　物神とはフェティッシュ。フェティシズムのフェチ。猫フェチとかいうところのフェティシズムです。本文はマルクスらしい、くねくねした表現方法だが、書いてあることは難しくありません。商品というのは、例えばふだん使っている机は、自分はこの机を使っているということで、それ以上でもそれ以下でもない。ところが商品として売り出すとしたら、どうやってこれを売ればいいのだろう、どうやれば高く売れるだろうと考える。つまりお金に換えるための素材ということで、意味合いが変わってきます。

子どもに投資する時代

資本主義社会において気をつけないといけないのは、何でも商品にできるということです。慶應義塾大学の中室牧子《なかむろまきこ》准教授が書いた『「学力」の経済学』（ディスカヴァー・トゥエンティワン）という話題になった本があります。今までは土地や株式だけが投資の対象と考えられてきた。しかし、皆さんはもっと重要な投資対象を忘れている、それは皆さん自身の子どもです、という本です。そして、〇歳から六歳までの就学前教育できちんとお金をかけると、もっともリターンが大きくなるということを分析しました。

実際に、就学前の子どもを対象にした教室はすでにありますが、そういったところはほぼモンテッソーリシステムを採用しています。朝八時から夜八時までのうちの一一時間、一〇ヵ月の子から預かるようなところがあります。

モンテッソーリ教育というのは、日本ではエリート教育とみなされることが多いですが、もともとはこのような新自由主義的なものではありません。創設者であるマリア・モンテッソーリはイタリアではじめて医学博士号を取った女性で、女性差別が激しく希望が通らず、精神科病棟で、子どもを担当することになります。その病棟で、パンくずを秩序立ててずっと並べている子どもに出会います。いまでいうと、自閉症スペクトラムの子だったのかもしれません。病棟にいる子たちを見て、モンテッソーリは、子どもと大人はまったく別の世界に住んでいることに気づいた。〇歳から六歳のあいだには必ず何かのことに関心を持つ敏感期がある。色の敏感期、数の敏感期、模様の敏感期など、そうした敏感期が来るまでは勉強を絶対強要しない。敏感期が来たときに、子どもが進みたいところまで進ませる。子どもが関心を持って、やりたがっているのなら、例えば数学なら五歳児でも二次方程式ぐらいまで行ってしまっても問題がない。スティーブ・ジョブズなどは、そうしたモンテッソーリ教育から育った典型です。

こういう教育システムに、最初にムッソリーニが関心を持った。ただモンテッソーリは途中からムッソリーニとは決別します。

モンテッソーリは、障害児を含めて社会はあるし、子どもを大人の基準で判断してはいけないといいます。一人一人はかけがえのない個性があるから、それを徹底的に伸ばしたほうがいいという教育のやり方です。しかし、そうしたモンテッソーリシステムも商品になってしまうのが資本主義です。

いま、ファミリアが東京・白金台と兵庫にそういったシステムの保育園をつくっています。一ヵ月の保育料は、一八~二三万円です。一歳から預かって五年で約一二〇〇万円。

毎日一〇時間通っているから勤勉になる。食事は栄養士が全部計算してつくっているから、バランスがとれる。食事などは一種の慣れだから、ジャンクフードに関心がなくなる。リトミックもやっているから運動嫌いにもならないし、自分の得意分野もできる。何よりも一人は万人のため、万人は一人のためということを重視するので、「これあげる」とか、「貸してあげる」といった感情を養う教育もおこなわれます。

ただ、実際には、こうした教育を受けても、必ずしも富裕になるとは限りません。自分の能力は他者のために使うべきだと刷り込まれるからです。親のことも大切にするが、社会のことも大切にするようになります。いずれにせよ、こういう教育をしておくと親にとっても社会にとってもリターンが一番高いのはたしかです。

逆に、一番リターンがないのは、大学院に資金投入をする場合です。中室さんはアメリカのデータからそのまま類推して日本に適用しています。

ただ、そういうかたちで子どもを投資対象として見るのは、倫理的に構わないのかという問題は出てきます。

あえて極端なことを考えるならば、商品経済の論理だけを追求していったら、二〇一六年に起きた相模原の殺傷事件はどうなってしまうのか。重度の障害を抱え、寝たきりの人がいる。あるいは精神に重度の障害があるので労働には従事できない人がいる。そういう人間はいないほうが本人のためだし、社会のためでもあるし、介護労働を軽減できる、そのように考えた人間が事件を起こしたわけですが、もしかしたら経済合理性のみをいえば、それは合理的だと計算できるのかもしれない。そう考えると商品経済というのは恐ろしいところに発展していく可能性があるのです。

労働力の商品化

そのすべての原因となっているのが労働力の商品化です。『資本論』でマルクスは何を一番言いたかったかというと、労働力の商品化です。

労働力の商品化というのは、じつは偶然起きてしまったことです。地球が寒くなって毛織物の値段がとても高くなった。それでイギリスでは農民を追い出して羊を飼うようになった。そして羊を飼うことによって羊から毛織物をつくるようになった。そのときに追い出された農民たちが都市に流入して賃金労働者になる。

マルクスは賃金労働者が出現した条件について、二つの自由があったからだと言っています。一つは身分的に自由なこと。昔は、日本もそうですが、イギリスでもドイツでも、農民は土地から離れられませんでした。それに対して、賃金労働者はどこへ動いてもいい、どんな職業を選択してもいい、そういう自由はあります。

もう一つの自由とは、生産手段からの自由です。これは逆に生産手段がないということでもあります。すきやくわを持って土地を持っていれば、生産手段があり、そうすれば自活できる。あるいは機械を持っていて、材料があれば自活できる。しかし労働者はそれを持っていない。だから自活することはできないし、自分で商品を売り出すことができない。しかし自分は労働力商品であるわけです。これは人身売買ではありません。労働力商品というのは、自由で平等な契約のもとなされるのです。

労働力というのは、一生懸命やれば賃金がいくらでも上がるということではありません。ちなみに給与という言葉はマルクス経済学では使いません。給与というのは封建制のもとで、俸給を恩恵的にくれるものです。いまの公務員もそうですが、ご恩と奉公の関係でくれるのが給与です。

それに対して賃金は、自分の労働力商品の値段です。

労働力商品、言い換えれば資本家により労働者に支払われる賃金は三つの要素からなりたっています。一番目は衣食住と娯楽の費用です。二番目は次代の労働者階級の再生産、そして三番目は技術革新についていくため、労働者自身が教育を必要とする学習費用です。

具体的に一ヵ月の賃金で考えてみます。例えば三〇歳の人が一ヵ月の賃金として三〇万円もらったとします。ごく簡単なモデルにあてはめてみると、家を借りて、ご飯を食べて、服を着て、ちょっとしたレジャーにお金をつかいます。そうして、あと一ヵ月働くエネルギーを蓄えます（一番目の要素）。しかしこれだけでは、その場かぎりで終わってしまい、次世代の労働力商品を再生産することができません。労働者階級の再生産ができなければ、資本主義システムは崩壊してしまいます。だから家族を養って、子どもを養って、労働者に育てるまでの教育をするということも必要なのです（二番目の要素）。

ただ、この家族の範囲と賃金は、時代によって変わります。それは女性労働の位置が変わるからです。例えば一九世紀のイギリスでは一二歳から女性も労働していた。炭鉱のなかで一八時間働いて、そのあとに、ジンをきゅっとひっかけていたわけです。イギリスでジンの値段、税金を高くしたのは、社会が崩壊寸前までいってしまったからです。

そういう状況のなかで男女ともに労働者の平均寿命が二〇歳を割り込むようになってしまった。子どもも全然できなくなった。このままでは資本主義体制は崩壊してしまう。だから国家が介入して工場法をつくったのです。それで女性と児童の労働を規制して、機械がどんどん入ってくる。女性は、家庭のなかに入ってたいへんな家事労働をおこなうようになる。

ところが今度、家事の機械化によって家事労働が比較的楽になってくると、女性は外に出て働くようになります。それによって今度は男性の賃金が下がっていくということが起こります。いずれにせよ家族を維持できればいい。

そして賃金の三番目の要素は、技術革新に対応して勉強していく費用です。このところも賃金に含まれています。しかし、これらは事後的な概念です。

資本主義がシステムとしてうまく回っているのは、この三要素があるからです。ところがほったらかしておくと、二番目、三番目を個別の資本家はどんどん切っていこうとする。それで一番目の、家を借りて、食べて、服を買って、ちょっとしたレジャーのところだけに限定しようとする。そうしたら、個別の資本はそれでもうかるが、資本主義システム自体は弱体化していくことになります。

そうならないように、国家が介入をすることで、あるいは資本家階級の総意として法の規制をつくっていくことで、資本主義システムを支えようとしているのです。

人間と人間の関係の力

ちなみにマルクス経済学とマルクス主義経済学というのは、別の学知です。マルクス主義経済学というのは、共産主義社会をつくるというイデオロギーに基づいて社会を見ていくというアプローチです。一方、マルクス経済学というのは、マルクスが『資本論』で適用した方法で客観的に経済を見ていくということです。つまりマルクス経済学は、徹底して理詰めで物事を考えていくということだから、極力イデオロギーを排除していこうという傾向が強いです。

我々は日常的にお金がすべてだというイデオロギーをもっています。貨幣というのはイデオロギーです。一万円札を考えてください。一万円札を刷るのにいくらかかるか。平均二二円ぐらいでしょう。なぜ二二円のもので一万円の商品やサービスが購入できるのか。おかしいではないか。それを信用しているというのは貨幣経済というイデオロギーがあるからです。

しかしそのイデオロギーというのはまったくの虚妄ではなく、力を持っています。さきほどシェイクスピアを引用したマルクスの言葉を紹介したように、商品は貨幣を愛するが、まことの恋が穏やかに進んだことはないと。裏返すと、貨幣さえ持っていれば何でも手に入れられるから、貨幣には実体的な力があるということです。

では、貨幣の力の源泉は何か。人間と人間の関係、交換関係から貨幣ができているということです。だから貨幣とは、紙幣であろうが、それがコンピューター上にあらわれた数字であろうが、そこにあるのは人間と人間の関係の力です。目には見えないけれども、確実に存在している力だから、お金によって人を操ることができる。この力の構造を明らかにしたのがやはりマルクスの天才的なところです。主流派経済学（近代経済学）では、貨幣はあるものとして自明にしてしまうから、その背後にある力がわからないのです。

賃金に関しても、コンビニで一〇〇〇円で誰かが雇われるということは、確実にそのコンビニは一〇〇〇円以上の利益を上げているということです。そうでないと雇う意味がないからです。その差額が剰余価値であるし、労働者から見ると搾取です。だから搾取しない資本家はいないことになります。

搾取というのは、響きは悪いかもしれませんが、マルクス経済学だと当たり前のことで、合法的でもあります。搾取をしない資本家はたった一種類だけ、倒産した資本家だけです。破産した資本家、倒産した企業、すなわちそうなると賃金も払えないから、労働者にとっても困るわけです。

それに対して新宿駅の前で「兄ちゃん兄ちゃん、金貸して」と、こういうふうに来るのは搾取ではなく収奪です。背後に暴力があって、人の富や財産を持っていくのは収奪です。だから江戸時代の年貢は搾取ではなく収奪。搾取の前提は合意があるということです。そうすると、合意したところで賃金が決まってしまいます。会社が儲かろうが儲かるまいが関係ない。分配というのは資本家と資本家のあいだ、金融資本家と産業資本家のあいだ、資本家と土地所有者、地主のあいだでおこなわれるのが資本主義の論理だから、いくら会社が儲かっても労働者の賃金は上がりません。

このような関係ではなくて、組織された労働者が会社に対して我々の生活にはこれぐらい必要だということによって、賃金は成り立ちます。賃金の天井はだいたい決まっているので、景気変動によっても大きくは変わらない。死ぬほど働いても、ぐうたらにやっていても、賃金が三倍も開くことがないのは、労働力商品化というシステムが機能しているからです。

資本主義にはなじみにくい職業があります。弁護士や医者、あるいは作家、画家、つまり特殊な技能、特殊な腕をもつ人たちの世界です。『資本論』の論理では小商品生産者という言い方をします。

この世界では、商品経済の論理は働かないから、ひどい貧困に陥ったり、とても富裕になったりといったことが起きてきます。これはいま言った労働力商品化の論理では説けません。こういう領域も社会の一部にはあるのだということが『資本論』の論理です。

資本主義の特徴は、貨幣の物神性に端的にあらわれています。貨幣を持っているだけなら増えませんが、投資すれば増えるでしょう。自分が餃子を持っていて、ボールペンが欲しいとします。餃子を売って、お金を得て、ボールペンを得る。式でいえば、

W（Ware、商品）―G（Geld、貨幣）―W′

です。

ところが資本の基本的な運動というのは、つぎのようなものです。私はお金を持っている。そして餃子を買う。それを売ってお金をより多く得るというものです。式でいえば、

G―W―G′（G＋g）

これが商人資本です。

それから、これとは別に、

G……………G′（G＋g）

という式の場合もあります（……は時間の経過）。何を示すかわかりますか。金貸し資本です。ただ金貸し資本は自立していません。誰かに貸し付けて儲けるから、その一部が利

子というかたちで来る。ただこれは偶然の機会の交換とか、相手の無知につけ込んでというかたちでしか成り立ちません。

そこで、出てくるのはこういう図式です。

$$G - W \left\langle \begin{matrix} Pm \\ A \end{matrix} \right. \cdots P \cdots W' - G' \ (G + g)$$

（Pmは生産手段、Aは労働力、Pは生産過程）

お金を持っている資本家が労働力商品として、人を雇う。機械、材料など生産手段を合わせて生産をする。その作った物を売ることで最初に投入したお金より多くのお金を得る。このプロセスに、内在的に価値を増殖させることができるわけです。

だから、乱暴に言えば、結局はお金を動かすことが資本であると考えられるのです。資本はお金の場合もあれば労働力の場合もあるし、あるいは商品になっている場合もある。これを資本の変態といいます。資本主義とは結局のところはお金を持っていれば、何でも欲望が実現できるということなのです。

それは受験でもそうです。受験でいいところに行けば、自分の子どもが社会的に恵まれた地位につくだろう、それによってより多くの貨幣を得ることができるだろう、それによってどのような欲望でも実現できるだろうというシステムが前提になっています。

つまり、どんなものでも商品にしていくということがあるのです。だからこの資本主義の仕組みをわかっているかどうかはとても重要です。

とりあえずのところ国家を介入させるか、人びとの善意によって富を再分配することはできる。ただ、このシステムを完全に変えないかぎり、貧困の問題は解決しません。いつかこのシステムは立ち行かなくなって、大混乱が来たときに、我々は新しいシステムをつくることに取り組まないといけなくなります。ただ、現段階で人為的に変えようとしても、ロシア革命の実験であれだけの大失敗をしたことを考えれば難しい。

そうすると、とりあえずは、だましだまし資本主義のシステムを維持しながら、河上が言うように、人間の人道性に働きかけるかたちで、あるいは、国家が介入をするというかたちで、再分配政策をいろいろとおこなっていくことが必要になってきます。

分析のツール

もし我々が資本主義的な商品経済のポイントとして、自己増殖している資本だけにとらわれるのだったら、ネアンデルタール人と同じことになるかもしれないと私は心配しています。貨幣経済の外に行くことを何かやらなければいけないと思っています。つまり、資本主義世界で貨幣が生活の全体を覆っているなかにおいて、貨幣経済ではない領域を意図的につくらないといけないということです。

介護労働が介護保険で点数制になるでしょう。点数制というのはお金に転換できるということです。そうすると、家庭内にも応用して、商品経済を入れようという親が出てきます。例えば子どもがお風呂掃除をしたときにお金を払うような親が出てくると、すべてが商品経済で回ることになって、全体が暴走していってしまう。

労働力商品にはほかの商品と違って、一つの特徴があります。ほかの商品が、商品になるのは生産によってです。これに対し労働力商品は消費によってしか生産できないという逆説があります。そういうものが商品になるというのは、やはりシステムの弱点なのです。

それから労働力商品は需要がふえてもふやせないでしょう。そうしたら何が起きるか。賃金の高騰です。それである程度以上賃金が高騰すると、いくら投資しても利潤がなくなる。そこで起きるのが恐慌です。だから資本主義の恐慌が起きる原因も労働力商品にネックがあるといえます。

マルクス経済学は、論理整合性が非常に高い学問です。残念ながら今、主流派の経済学に完全に押されてしまって、教える人もほとんどいなくなって、あと一〇年もすれば、大学では完全に潰《つい》えるでしょう。しかしこれは資本主義を相対化するのにすごくいいツールです。

（二〇一六年八月三一日）

第五章文献ガイド

河上肇著、佐藤優訳・解説『現代語訳　貧乏物語』講談社現代新書、二〇一六年
栄陽子『留学で夢もお金も失う日本人 ―― 大金を投じて留学に失敗しないために』扶桑社新書、二〇一六年
佐藤優『いま生きる階級論』新潮社、二〇一五年
佐藤優『いま生きる「資本論」』新潮文庫、二〇一七年
ハバーマス、ユルゲン（細谷貞雄訳）『晩期資本主義における正統化の諸問題』岩波書店、一九七九年
ピケティ、トマ（山形浩生・守岡桜・森本正史訳）『21世紀の資本』みすず書房、二〇一四年
マルクス、カール（向坂逸郎訳）『資本論』第一巻、岩波書店、一九六七年

第六章　ビジネスパーソンのための日本近現代史

――なぜ学び直さなくてはならないのか

歴史をめぐる混乱

佐藤　今日は日本の近現代史を扱います。今、歴史における大混乱が起きています。そのために、二つのことを話さなければなりません。

一つの混乱は、日本では歴史に対する認識がいわゆるエリート層、知識人と、そして一般の人たちのあいだではまったく違うということ。そして第二の混乱は、一九八〇年代半ばから一〇年間ぐらいの、いわゆるポストモダニズムによって、歴史についての考え方がもう一回がたがたになってしまったということ。その二重の混乱のなかにいま歴史、特に日本史が置かれているという問題があります。

歴史という考え方自体はドイツ的な概念です。英語では歴史はヒストリーで、日本語では歴史ですが、ドイツ語では歴史はヒストリエ（Historie）とゲシヒテ（Geschichte）の二つに分節化されます。

ヒストリエというのは通常、記述史などと訳されます。例えば『日本書紀』、『古事記』などの年代記はヒストリエに属するし、『神皇正統記』や『太平記』、あるいは『ニーベルンゲンの歌』などもそうです。

いろいろなことを記述していくのですが、そこにおいては明示的なかたちでの物語、歴史観というのはありません。

これに対してゲシヒテというのは近代的な現象です。点と線によって物語をつくっていく。だから歴史の過去のなかで、何らかの点で重要なものを選んでくる。そしてその点で価値を付与するわけです。

例えば日本史では一六〇〇年に関ヶ原の戦いがありました。この関ヶ原の戦いはドイツにとって何か意味を持つだろうか。無理に理屈をつければ別ですが、たぶん持ちません。世界史という観点から考える場合、ドイツから見たときには関ヶ原の戦いはそのうちの一部を構成していない。ところが日本においては、死活的に重要な出来事です。

逆に、この一六〇〇年の関ヶ原の戦いから二〇年後に、現在のチェコのプラハ郊外でビーラー・ホラ（白山）の戦いがありました。日本で白山の戦いを知っているのは大学入試で世界史を選択した人ぐらいしかいないでしょう。この戦いが歴史上どのような意味があったかは歴史の教科書でもそう詳しくは書かれていませんが、この戦いがなければ、三十年戦争の結果はまったく変わっていました。したがってドイツ史、ヨーロッパ史においては死活的に重要な意味を持っています。

終戦の日

こういう出来事は、ほかにもたくさんあります。例えば、一九四五年八月一五日という玉音放送のあった日ですが、日本の終戦処理をめぐっては国際法的にはまったくといっていいほど意味がありません。なぜならば日本が連合国に対してポツダム宣言の受諾を通告したのは一九四五年八月一四日です。受諾の通告は国際法的に意味を持つ行為です。それに対し、一五日はその事実を天皇が国民に告知しただけの話です。日本ではこの八月一五日に戦争が終わったと考えられがちですが、国際法的には九月二日、ミズーリ号艦上で日本政府の代表団が連合国の代表に対して降伏文書に調印して、はじめて太平洋戦争が終結したということになりました。そして一九五二年四月二八日に、サンフランシスコ平和条約が発効してはじめて戦争状態が終わるのです。

ところが、このサンフランシスコ平和条約にしても、沖縄の場合はサンフランシスコ平和条約三条によってアメリカの施政のもとに置かれてしまうから、これによって独立を回復することにはなりませんでした。主権回復の日は屈辱の日になっていきます。

あるいは一九四五年八月一五日の韓国のソウルなり、北朝鮮の平壌にタイムマシンで渡ってみましょう。昼間のラジオ放送を聞きながら、みんな涙している。それはそうです。なぜならその当時、大日本帝国の臣民であったわけだから。ところが、八月一七日ぐらいになって朝鮮解放だということで、人びとの意識が変わる。だからそのニュースが伝わる二日のあいだに、朝鮮半島の人びととの対応は違ってきます。

この八月一五日は、韓国でも北朝鮮でもいまはお祭りになっています。ただ、かつては韓国では光復節――光が回復する節といって、ナショナルデー、一年で一番大きな国家行事でしたが、いまはそうではなくなっています。日本との関係において自分たちの歴史を位置づけることが問題なのだという意識が強くなり、日本の天皇が当時の帝国臣民に対してポツダム宣言の受諾を告知した日が、我々にとって何の関係があるのかと変わってきたのです。

朝鮮戦争をめぐる二つの映画

二〇一六年、韓国でもっとも人気を集めた映画は「仁川《インチョン》上陸作戦」です。一九五〇年九月一五日、当時国連軍、すなわち米軍と韓国軍は北朝鮮軍に押されて、釜山の市内しか守れない状況に追い込まれていました。そのときに、マッカーサーの強いイニシアチブによって戦況を一変させたのが、仁川上陸作戦です。

この作戦は相当ばくち性の高いもので、成功する可能性はあまり高くなかったと言われています。約五万人の兵力によって現在の仁川国際空港のあるところから上陸を試み、それによって形勢は完全に逆転して北朝鮮軍を挟み撃ちにし、少なくとも三八度線まで国連軍が回復していく流れをつくることになりました。

一方、一九八二年に製作された北朝鮮の国策映画で、北朝鮮人だったら誰でも知っている「月尾島《ウォルミド》」という映画があります。月尾島は仁川にほぼくっついている島で、いまは埋め立てられて仁川市の一部になっています。もともと日本の統治下の時代から遊園地のあるところでしたが、仁川に上陸するときに、まずこの月尾島を攻略しないとそこに上がれないということで国連軍がやってきます。

この北朝鮮の映画では、金日成将軍の指示によって、九月一三日から一五日まで国連軍が月尾島に上がることを阻止しろという命令が現地の中隊に与えられます。中隊には全部で六〇人ぐらいしかおらず、大砲も四門しかなく、砲弾も全部で一〇〇発ぐらいしかない。そこで最後は一人残らず玉砕します。

一九八二年当時の北朝鮮としてはCGなどもないので、模型を浮かべて撮影をしています。自動小銃を天に向けるとB‐29に当たって落ちてきたり、ほぼ百発百中でアメリカ軍の船二〇隻以上を沈めています。最後になると、ボートに乗って機雷を抱きかかえていってアメリカの駆逐艦を沈めたりします。後方に下がれと言っても、誰も下がりたがらない。

印象に残るのが、アメリカ軍の捕虜を捕まえるところです。朝鮮人が演じているのだと思いますが、メーキャップをして、ソ連軍の迷彩服のような軍服を着ている不思議なアメリカ兵が捕虜になります。北朝鮮の様子を目の当たりにしたアメリカ兵が、我々はマッカーサーによって北朝鮮は侵略国であると教えられていたが、実際には我々が侵略国であったと言います。そして、この戦争には決して勝つことはできないと言って、マッカーサーに呪いの言葉を吐きながら死んでいくというシーンがありました。

この二つの映画が扱うのは同じ出来事です。韓国側の戦史によれば、四五分で簡単に攻略しているのですが、北朝鮮の、『金日成著作集』のなかにおさめられている、公式の歴史では、三日間徹底的に抵抗したことになっています。

そうすると、それは一つの国においては大きな物語になって、その国家というものを成り立たせる。北朝鮮においてはこの映画を知らない人はいないし、月尾島の戦いを知らない人はいません。

しかし、ネットで調べても、日本語のサイトにはただ観光地としか書かれていない。こういうずれが生まれてくるというのは、歴史が物語だからです。では、歴史の物語性がどこから出てくるかというと、結局は解釈の問題です。

ディルタイの解釈学

最近、安藤達朗《あんどうたつろう》さんの『大学への日本史』という本を改訂し、東洋経済新報社から『いっきに学び直す日本史』（全二冊）として出版しました。一九七〇年代初頭に出た日本史の本であるにもかかわらず、解釈学の方法をきちんと踏まえています。当時はまだ唯物史観の考え方が左翼以外でも強かった。だから歴史というのは原始共同体から奴隷制、封建制、資本主義というかたちで進んでいくと考えられていました。その先、社会主義に行くかどうかは思想的な立場によって異なってくるが、こういう方向にもとづいて歴史は考えられていました。

また、日本独特の歴史観として、細かい実証主義があります。戦争期、唯物史観的な歴史観を表明している人たちは大学から追われ、状況によっては治安維持法でつかまる可能性がありました。他方、研究者のなかには、「大日本《おおやまと》は神の国」のような皇国史観は、知識人として耐えられないという人たちもいました。そうした人たちは細かい文献の解釈やテキストの異本などをチェックして、どういうかたちでテキストが変遷したのかということに関心を集中させました。そういった伝統があって、日本のなかでは狭義の歴史実証主義が強くなっています。

実際には、歴史実証主義にも、背後には方法論や物語性はありますが、そこを無視して唯一の歴史、あるいは、正しい歴史といった発想が出てくるのです。保守派にしても進歩派にしても、真実の歴史を知らなければいけないなどと言います。史実で何があったかということの真実の確定はできる。それを無視するようなことはいけません。しかし、そこにどういう意味を付与するか、あるいはほかの出来事とどう結びつけて物語をつくるかというのは、歴史実証主義の問題ではなく解釈の問題です。

現在、解釈学というと、ハンス・ゲオルク・ガダマーの名前が挙がります。ただ、ガダマーが出てくる母体にあるのはヴィルヘルム・ディルタイ（一九世紀から二〇世紀初頭にかけてのドイツの哲学者）です。ディルタイの解釈学というのは決定的に重要で、一九世紀最大のプロテスタント神学者シュライエルマッハーの評伝『シュライエルマッハーの生涯』を書くなかで確立していきます。そこで、まずは解釈学について簡単に押さえておきます。

紹介するのは、藤代泰三《ふじしろたいぞう》先生の『キリスト教史』（日本YMCA同盟出版部）です。この序論の冒頭を読んでください。

——歴史とはどのようなものであろうか。ディルタイのいうように、私はそれは非常に複雑な政治的経済的社会的文化的宗教的相互連関（依存とともに抵抗も含まれる）に立つ総体であると考える（後略）。（三ページ）

佐藤　ディルタイの考え方は、例えば今日集まっている人からたった一人が欠けても歴史は理解できないというものです。その人が他の人と関係を持つように、あらゆる人と人が政治的、経済的、社会的、文化的、宗教的にいろいろな関係を持つ。その全体の関係のなかから出てきているのが歴史だということです。だからその意味においては、アトム（原子）的な歴史観ではなく、関係が一義的になってきます。歴史は複雑系で、その複雑系をどう抽出するか、そこからどのような物語をつくっていくかが問題になると考えるのです。本質においては解釈ということです。

解釈は必ず複数あります。テキストを誰かが書く。そうしたらその解釈をする人が著者よりも深く解釈する。原著者が潜在意識のもとでしか考えていなかったことを顕在化させることもできる。テキストというのは一回外に出てしまったら自立するものです。だから読者は誤読する権利もあるし、深読みする権利もある。そうすると著者が「俺はそういったことを意図していない」と言っても、大多数の人たちが別の意図でとらえてしまうならば、そちらが真実として確定していく可能性はじゅうぶんあります。

精神科学と新カント派

――さて、近代の学問の判断の基盤にあるものは理性で、そこにおいては歴史も理性によって分析し解明すれば十分であるとされる。これは実証主義の立場である。しかし歴史はただ理性によって解明されるというほど簡単なものであろうか。この点についてわれわれはまず歴史を営む人間について考えなければならない。ディルタイによれば人間とは物理的精神的存在、つまり身体と理性と感情と意志を有する存在である。この視点から、歴史とは人間・社会・歴史に関する学であり、これをディルタイは精神科学（Geisteswissenschaft）という。（三ページ）

佐藤　Geist というのはスピリット、Wissen というのは包括的な知識、schaft というのは全体性。だから、精神科学は精神を扱う体系知のような意味と考えてください。

――ディルタイによれば文学、芸術学、法学、経済学、社会学、心理学、歴史学、哲学、宗教学等、自然科学に属さない学問はすべて精神科学なのである。この人間・社会・歴史に関する精神科学が、単に理性によって解明できるものであるわけがない。もちろん精神科学においても理性も十分に、そして徹底的に駆使される。（三ページ）

佐藤　ディルタイは西南ドイツ学派に属しますが、この精神科学というワーディングが出てきたら、新カント派という人たちの考え方を思い浮かべてください。新カント派の考え方は、自然科学と精神科学を分けます。新カント派は、実験が可能なものは自然科学の対象と考えます。反復して実験をすることによって法則を導き出すことができる、つまり法則定立的な科学ということです。

もっとも、これも現代においてはなかなか通用しづらい。なぜなら実験というのは厳密に言うと、同じ環境で二回同じ状況をくりかえせることはないからです。だからこれも一種の理念型になってしまうが、ここは常識的にとらえていけばいいでしょう。

実験ができて法則が導き出せるということ、つまり、誰もが同じ手続きでおこなえば同じ結論が出てくるというのが自然科学です。小保方晴子《おぼかたはるこ》さんの場合は、彼女のいうSTAP細胞というのは再現不能であるから否定されたわけです。自然科学においては再現可能性は非常に重要なことです。

それに対して歴史とか文学は、同じ事柄を文学で、小説で完全に再現したり、評論で完全に再現したらこれは剽窃《ひょうせつ》になってしまいます。そうすると、実験ができない歴史、思想、文学においては個性を記述することになる。個性記述が精神科学の特徴になります。

このように、科学は法則定立的な科学と個性記述的な科学に分かれてくるととらえ、二つの科学の方法論を混同しないことが重要だと考えるのです。

個性記述的な科学においては、頭のなかでの抽象力が非常に重要になります。こういう個性記述的な科学、あるいは精神科学においてもっとも有名で代表的な人物はマックス・ウェーバーです。ウェーバーの理念型、理想型、イデアルティプスというのは典型的な精神科学で、ウェーバーの考え方は新カント派そのものです。

日本の高等学校、大学というのは一高、二高などのナンバースクールだけでは足りなくなって、その後、浦和高校や松本高校などができました。そうして本格的な裾野ができ、大学も東京帝大と京都帝大だけでは足りなくなり、九州帝大や東北帝大がつくられ、本格的な学者の数が大幅にふえました。そのときの主流は新カント派でした。ポストモダニズムの嵐が一九八〇年代に襲ってくるまで、日本のアカデミズムの主流は基本的に新カント派的な考え方でした。

この新カント派の考え方について比較的わかりやすく書いているものは、リッケルト『認識の対象』(岩波文庫)です。現代的な読み方ではリッカートですが、戦前の訳なのでリッケルトになっています。それから現代において比較的難しく書いているのはユルゲン・ハーバーマスの『認識と関心』(未来社)です。この『認識と関心』を読みこなすことができれば、ビジネスパーソンの社会哲学に関する理解としては到達点にいるといえるでしょう。私のようなチューターなどいなくても、自分で物事を読み進めることができる。非常にいい本です。

ハーバーマスのこの本は、認識を導く関心は必ずある、利害関心を抜きにしたところに認識はないということを、認知科学、いま紹介した新カント派の問題、あるいはハイデッガーの存在論などあらゆる議論を使いながら展開しています。

近代の最大の病理としての観念論

ふたたび藤代先生の『キリスト教史』に戻ります。「解釈学」のところを読んでください。

——実証主義に立つ史学においては史料の取り扱い、すなわち史料の収集や選択や批判や解釈には理性だけで十分であろうが、精神科学としての歴史学の研究には理性だけではきわめて不十分であって、身体・理性・意志・感情・信仰をもつ人間の主体においてこの作業にあたらなければならないと考える。このような作業は、ディルタイのいう体験・表現・追体験（了解）による解釈によってのみ可能で、史料に表現されている体験を研究者主体が追体験し理解しなければならない（略）。ここに史学方法論における重要な、個と全体、特殊性と普遍性、独自性と同一性の問題の解決のかぎが存する。解釈学は、まず史料の言語学的、歴史的（政治、経済、社会、文化的等）分析を徹底的にしたあとで、その史料を解釈するのである。従って解釈学において理性の使用が除外されているのではなく、理性を駆使し徹底的に理性によって史料を分析することも含まれている。（四〜五ページ）

佐藤　歴史解釈も、乱暴にいえば、究極的には物語です。だからその意味においては歴史家その人の個性を離れた歴史はないのですが、実証性から離れたことを言ってはいけないということです。

地方に出張したときに小さい本屋へ行くと、単行本のコーナーにあるのは約三分の一がヘイト本です。三分の一が日本礼賛本です。日本礼賛本とヘイト本は表裏の関係ですから、同じカテゴリーです。実証性をまったく無視して、俺はこう思う、私はこう思うんだということが並立するという話です。

かつて私はよく原宿のクエストホールに行ってイッセー尾形さんのひとり芝居を見ていました。「俺、見ちゃったんだよ」とか「絶対にこうだ」と、実証性を無視して物語にこだわる異常な人というのが、イッセーさんのひとり芝居には出てきます。ひとり芝居では、近代の一つの病理がよく描かれています。

近代の最大の病理は何かというと、観念論です。我々は基本的にみな観念論者です。いま、皆さん一人一人が佐藤の話を聞いているけれども、これは、脳のなかの何らかの電流が流れて起きている刺激です。そうすると理論的には同じ刺激を外的に与えれば、この教室と同じ状況は再現されるはずだし、私がいま話しているのと同じ状況が脳のなかで再現されるはずです。それは皆さんが夢見ることと同じです。

さらに考えてみると、夢と現実のあいだの区別は厳密にどこにあるのか。他者は本当にいるのだろうか。こういう問題を組み立てた場合、結局観念論の世界になると、自分以外の他者がいることに関しては、状況はよくわからないけれど、外挿的にそういうものだ、となって、理屈を詰めるということはない。

そうすると人間は、観念論的なかたちで自分の思い込んだことでどんどん進んでいて、その枠から外れられなくなるということは比較的起きやすい。パーソナリティ障害なども非常に隣接している問題ですが、近代的な構造ともとても関係しているのです。

チュチェの楽園――『現代朝鮮史』を読む

では、この歴史解釈、物語性について、日本のテキストではなく、むしろ、びっくりするようなテキストを読んでみたほうが、物事を考えさせるきっかけになるかもしれません。こうした方法を、表現主義といいます。表現主義は一九一〇年代から二〇年代のドイツでとても力がありました。

意図的に表現主義的な方法をとっているわけではありませんが、北朝鮮の歴史書、文献を読むと我々は驚きます。驚きが大きければ大きいほど物を考えるからいいのです。

一九七九年に刊行された『現代朝鮮史』（平壌・外国文出版社）を読んでみましょう。この本はいま北朝鮮では入手できないし、北朝鮮関係の文献では引用できません。この本が出されたのは金日成主義、チュチェ思想の時代で、いまは歴史観が変わっているからです。金庫のなかに入れてがちっと鍵をかけられて、北朝鮮では閲覧できない文献の一つです。「むすび」を読んでください。

――朝鮮人民はほぼ六〇年の現代史を歩んだ。この期間に朝鮮人民は幾多の厳しい試練を克服しつつ誇らしい勝利の道を歩み、不滅の業績を積み上げた。

この栄えある歴史は、チュチェ思想の正しさと威力を全世界に示威し、チュチェの旗を高くかかげて進むとき百戦百勝することをはっきり示した。（五四七ページ）

佐藤　「チュチェ」というのは「主体」という漢字になるのでしょうが、漢字にしてしまうとチュチェの意味するところが伝わらないから片仮名になっています。北朝鮮の表記には揺れがあります。一時、「朝鮮」という漢字も当てないで全部「チョソン」にしていた。名前も「金日成」ではなく「キム・イルソン」で全部片仮名にしていた。だから「チュチェ」は翻訳不能だというワーディングになるわけです。

この文章にあらわれる歴史観はじつはとてもヨーロッパ的です。百戦百勝で勝利を重ねていく、そして六〇年の現代史を歩んだということで、歴史は特別な意味を持ったものとして切ることができます。

韓国の近代史の本を読むと、甲午《こうご》農民戦争を李氏朝鮮が崩壊した原因としてとらえ、それによって近代史はスタートすると考えられています。しかし北朝鮮の歴史書を読むと、金日成主席の偉大な曾祖父が、平壌の大同江の奥深く入ってきたアメリカの海賊船シャーマン号を焼き討ちしたときが近代史のスタートです。そのように近代史の視点がはっきり立って、チュチェの楽園ができるという目的に向かっていく。これはとてもキリスト教的な構成で、それは金日成自身がキリスト教徒だったということと関係しています。

その目的が達成した楽園のことも書いてあります。米の飯をおなかいっぱい食べることができて、肉の汁をすすることができ、瓦ぶきの屋根に住み、そして絹の服を着ることができる、これが二一世紀のいずれかの段階で可能になるというのが共産主義の目標です。非常に低い目標ですが、北朝鮮の場合はまだまだその目標の入り口にも、楽園の入り口にも立っていない。逆に言うと、目標をこの程度にしておけば、相当のことも実現可能になります。

実際には米の飯を食って肉の汁をすすり、瓦ぶきの屋根に住んで絹の服を着るというのは、日本でも韓国でも中国でもだいたい実現されています。そうすると外部の世界が楽園で、内部は楽園ではないことになります。だから、外の世界を閉ざさないといけないということになるのです。

では次の人、先を読んでください。

――チュチェ思想は朝鮮の革命と建設の不動の指導思想であり、朝鮮人民のすべての活動の指導指針である。

金日成主席は、チュチェ思想にもとづいて朝鮮の具体的な実情と人民の要求を最も正確に反映した自主的で創造的な路線と政策をうち出し、革命闘争と建設事業をひたすら勝利に導いた。

朝鮮人民はその体験をとおして、主席の導く道は勝利と栄光の道であることを確信し、つねに主席の革命思想、チュチェ思想を体して生き、働き、たたかっている。朝鮮人民はチュチェ思想をしっかり身につけて、革命と建設で主人としての責任感と自力更生の革命精神を高め、革命的情熱と創意を高度に発揮し、主体的力量をあらゆる面から強化しつつ革命闘争と建設事業を力強くおし進めることができた。（五四七ページ）

佐藤　こういうふうに読むと異常に見えるかもしれませんが、日本でも自主外交が必要だなどとよく言っています。国際社会というのは相互依存を強めているのだから、自主外交などと強調するのは北朝鮮と日本ぐらいです。

　そして考えてみれば、安倍政権が真正保守だから、安倍政権の正しい思想に従って、安倍さんが指し示す美しい国に向かって我々は進んでいかないといけないと言うと、少し用語を入れかえれば、為政者というのはだいたいこれと変わらないことを言っているわけです。こういった為政者の言い方に対し、日本国民のほとんどはそれにつき合っていません。同じように、北朝鮮もほとんどの人はつき合っていません。しかし、つき合わないと秘密警察が来るから、表面上はつき合っているふりをするのです。そういうことを読み取れることが重要です。

政治の友と敵

——朝鮮現代史の歩みは、アメリカ帝国主義の南朝鮮占領によって国が南北に分断されたことと関連し、多くの重要な経験と教訓を残している。

アメリカ帝国主義の南朝鮮占領によってかもしだされた情勢とその推移は、なによりも、アメリカ帝国主義の侵略的本性が変わっていないばかりか、いっそう悪らつになったこと、帝国主義侵略勢力を駆逐して民族の自主独立を達成するためには、主体的な革命勢力を強化し、反帝革命闘争を主導的、積極的におこなうことが緊切な課題であることを明示している。

アメリカ帝国主義支配下の南朝鮮の実状は北半部とは全く異なっている。北半部と南半部が歩んで来た歴史は、自主、独立と事大主義、従属の道、革命と反革命の道、愛国と売国の道、人民的な道と反人民的な道がどのようなものであり、どのような結果を招くかを対照的に如実に示している。北半部の道は進歩と繁栄の道であり、南半部のそれは衰退と滅亡の道であることが厳然たる歴史的事実によってだれの目にも明らかになった。(五四九ページ)

佐藤　日本はアメリカの言うなりになっていて、自主性がない、そしてアメリカによって日本の市場が奪われているからTPPに反対する、という議論があります。それは北朝鮮とだいたいフレームが一緒です。

またおもしろいのは、歴史に二分法を取り入れているということです。よい朝鮮と悪い朝鮮があるという二分法を取り入れている。

政治の論理とは二分法です。これをうまく表現したのがカール・シュミットで、『政治的なものの概念』という本のなかで、政治というのは友（味方）と敵を区別し、敵を殲滅することだと言っています。その場合、敵は醜い必要も、間違いを犯している必要もない。敵のほうが人格的にすぐれていて、主張が正しくて、美的にすぐれていることはいくらでもある。裏返してみると、味方にとんでもない性格のやつがいて、味方の言っていることがまちがっていて、味方のほうが醜いということはいくらでもある。しかし、政治のときの分節化の基準は敵と味方で、それ以外の価値というのは全部捨象されるということです。

こういうやり方がうまかった人は小泉純一郎さんです。例えば郵政民営化です。竹中平蔵《たけなかへいぞう》さんと対談したなかでも、竹中さんは、郵政民営化は必要なかった、最初からそう考えていたとはっきり言っています。しかし、小泉さんがやると言うから理屈を考えたと。それを田原総一朗《たはらそういちろう》さんに三回ほど説明して、三回目にわかったと言ったからその理屈でやることにしただけであったと話していました。

田中眞紀子《たなかまきこ》さんもそうです。外務省に乗り込んできたとき、外交には何も関心がなかった。彼女は権力闘争にしか関心がなくて、官房長官か外務大臣をやりたいと言ったから、外務大臣になった。記者会見でテレビによく出ることができるからです。機密費問題のところを揺さぶることによって国民的な人気を得て、外務大臣から総理への道をつくろうとしたが、戦線を広げ過ぎました。機密費だけをやっていたら彼女の人気は衰えなかったでしょう。国民目線の政治家という印象をつくることができたと思います。しかし、全然わからない外交に手をつけ、特に北方領土交渉に手をつけたから、なかでめちゃくちゃになってきた。そのおかげでこっちも捕まるようになって、えらい迷惑でした。

小泉さん、田中さんのようなやり方をまねているのは小池百合子《こいけゆりこ》さんです。小池百合子さんが築地の豊洲への移転について、とりあえず待ったをかけた。彼女は直感的に、豊洲の移転のなかには何かとんでもないものが潜んでいて、揺さぶったら蛇が出てくるのがわかっているからです。その出てくる蛇の大きさによって対応を変えようと思っている。アオダイショウ程度だったら、予定どおり移転しますと言う。キングコブラみたいなのが出てきたら、そこそこ議論をしながら、過去のいろいろな経緯についての検証をして、政治問題化して長引かせる。そしてもし八岐大蛇《ヤマタノオロチ》みたいなものすごいのが出てきたら、即やめることに決める。工費が膨れ上がったのにはこんなひどいことがおこなわれていたからなのだという議論をするなかで、自民党都連や都の職員などが腐敗勢力だという印象を広めていく。

東京都は国から交付金を受けていません。ということは会計検査院の検査が入らない。都も独自の監査をやっていますが、こんなものはすかすかに決まっています。だからこそ舛添要一《ますぞえよういち》前都知事の出張であれだけの金が認められたわけだし、いま情報公開されているところによれば、猪瀬《いのせ》直樹《なおき》さんのときも石原《いしはら》慎太郎《しんたろう》さんのときも社会通念では考えられないような額の出張費が出ています。それを考えた場合、都庁のなかから何か出てくる可能性は高い。

こういう小池さんの動きが、女性の時代だといって、歴史の流れをつくるかもしれません。皇室典範の改正や女帝・女系論などと結びついて、小池さんの求心力が急にあがって、ポスト安倍が小池さんになる可能性もあるかもしれません。その場合、小池さんは日本のトランプのような感じになるでしょう。彼女にはトランプになる資質がじゅうぶんにある。だから、そういった揺さぶりをはじめているのです。

ポストモダンの限界

話を戻しますが、いま我々が直面している歴史の問題を見てみようと思います。やはりポストモダニズムが影響する。『岩波講座世界歴史』には新版と旧版があります。一九六九年から一九七一年に出た旧版の巻構成と、約三〇年後に出た新版の巻構成をくらべてみると、どのようなことがわかるか。

旧版のほうは、歴史とは時系列に即してどんどん発展しているという考え方に基づいています。古代、中世、近代、そして現代。ただ、近代に入るまで、つまり中世までは西洋史とアジア史に分かれていて、世界史は成立していません。

世界史というのは近代以降、コロンブスのアメリカ到達に代表されるような、ヨーロッパ列強が北米大陸、そしてアジアに進出していき、世界的なシステムができるという考え方です。しかも、この構成には隙間がありません。

約三〇年後にできた新版では、まず明白に通史という考え方が否定されています。「ヨーロッパの成長　一一～一五世紀」と「イスラーム世界の発展　七～一六世紀」、「中央ユーラシアの統合　九～一六世紀」と、同じ時代が別々の巻に記述されています。そして古代という考え方もなければ中世、近代、現代という考え方、時代区分もとらない。時代区分自体がヨーロッパを中心とした、あるいは北米を中心とした彼らの時代区分で、それ自体が支配の論理だと考えるからです。

フレーム自体に、歴史区分のなかにヨーロッパ的な偏見がある。そこで描かれるのは一種のオリエンタリズムと考えられました。オリエンタリズムはエドワード・サイードの用語です。西洋にないものを東洋と仮定して、その物語で憧れと差別が入りまじっているような感情をオリエンタリズムと名づけたのです。新版ではオリエンタリズムから脱構築しなければいけないと考えた結果、それぞれの地域から見た場合どう見えるか、その地域から見たところの時代的な固まりでつくらなければいけないというので、この新版のような構成になります。すると、全体を通じた歴史観もないし、どういう解釈をしたかまったくわからなくなってしまうという問題が出てきます。

例えばフランス革命。旧版だと近代の五巻と六巻で、「近代世界の展開」のなかに入れられています。それに対して新版だと、「環大西洋革命　一八世紀後半〜一八三〇年代」と「主権国家と啓蒙　一六〜一八世紀」というところに少しずつ入っています。ところが、バスティーユ牢獄襲撃、ジロンド党の成立、ロベスピエールなどの記述はありません。こういうのは権力者の歴史ということで、代わりにフランス革命期のハイチにおける黒人革命や、フランス革命におけるジェンダーなどのテーマが入っています。それは重要なテーマですが、通史としての理解にはおそらくつながりません。

古本市場においては通常、旧版と新版が出ると新版のほうが圧倒的に高くて旧版は捨て値になるのが一般的ですが、いまや旧版のほうがレア本になって古本屋でも高い値段をつけていることがあります。それはポストモダン的なるものの限界が来ていることの表れで、物語が必要になってくることの表れでもあります。

日本史Aのわかりやすさ

そうなってくると、じつは大学レベルの教科書よりも、高校レベルの教科書のほうが通史を学ぶという点では意味があります。大学レベルの教科書、あるいは論文で日本史や世界史を勉強しても、断片的な事実ばかりが書かれてあって、通史的にどのような意味合いがあるかといったことは書かれていないことがしばしばあります。その結果、全体を通して何が起きているかは全然わからない。

人間の知恵というのは基本的に保守的です。『岩波講座』のような講座類で何かを書くときは最新の紀要論文の内容を書いてはいけません。最新の紀要論文というのは誰もやっていないことを書かないといけないから、一方でまちがえている可能性もある。新版の岩波『世界歴史』も、戦後の歴史学のなかで一応確定されている立場をとっています。その意味においてはとても古い立場をとっているわけです。高校の教科書も、だいたいそれと同じレベルでつくるので、最先端のものではありません。

高校教科書に関しては、池上彰《いけがみあきら》さんも日本史・世界史はAがいいと言っています。しかし、皆さんはAをほとんど見たことがないはずです。進学校で使わないからです。商業学校、工業学校、農業学校など実業系の高校で使います。歴史について勉強するのはこれが最後で、今後歴史について勉強しない。だから通史で全部の歴史をやるのではなく、近現代史だけに特化しています。別途、資料集を参照することも考えていません。この一冊のなかで全部完結するようになっているから読みやすい。レベルも決して低くありません。

例えばこの『現代の日本史A』(二〇〇七年発行、改訂版)の一〇〇ページを読んでみます。


——**政党政治の明暗**　加藤高明《かとうたかあき》内閣(護憲三派)の成立から、1932(昭和7)年5月の五・一五事件による犬養毅《いぬかいつよし》内閣(立憲政友会)の崩壊まで、政党内閣が約8年間にわたってつづき、「憲政の常道」として定着した。おおむね、立憲政友会と憲政会(のち立憲民政党)の二大政党が交代で政権を担当し、ただ一人の元老西園寺《さいおんじ》公望《きんもち》も「憲政の常道」の確立に協力した。この時代は、明治憲法のもとで、政党の力がもっとも大きくなった時代であった。

しかし、軍部・枢密院・官僚のような議会外の勢力も、なお大きな力を持っていた。とりわけ、議会は軍の統帥権に介入することはできなかった。政党間の対立は、いちだんと激化したが、政党政治とはいっても、総選挙の結果で政権の交代がおこなわれたことは余りなく、野党はしばしば政権をとるために、議会外の勢力と結んで政府を倒そうとした。このように、政党政治の定着は、必ずしも議会制民主主義の確立とはいえなかった。

普選（引用者注：普通選挙）の実施で有権者が激増し、選挙活動をするために巨額な政治資金が必要とされ、資金の調達などを通じて政党は財界と深く結びつくようになり、汚職事件もしばしばおこった。政党政治は「金権政治」であるというイメージが強まり、国民の不信感も高まった。こうしたなかで、軍部や国家主義団体などの間から、しだいに政党政治排撃の声があがっていった。

わずかこれだけの記述ですが、一見理想的に思われる、政党政治の八年間が、実際にはそんなことはなかったことがうかがえます。政党政治の不信の原因は結局普通選挙だったのです。成人の男子すべてに選挙権を与えることによって、買収選挙がおこなわれるようになった。イメージ戦略のために金がかかるようになった。そのために実質は金権選挙になって、政治とお金の話が出てきた。そうすると軍部、マスメディア、半分暴力団の院外団といった連中が政党政治打破という方向で動いてくる。

経済がいいときはいい。ところが経済が悪くなっても金権政治メカニズムは続きます。そうすると、我々はこんなに苦しい生活をしているのに政治家は何をやっているんだ、安逸を貪っているだけではないか、単なる寄生虫ではないかという批判が起こります。それだったら議会政治など要らない。もっと筋を通した軍で政治をやってくれたほうがいいという流れになっていったのが、これを読むとよくわかります。

ところが、いわゆる進学校で使っている教科書のBを読んでも、そういった流れがわかりません。なぜなら難関大学の入試に対応できるように、巨大な年表のようになっているからです。事実関係がひたすら羅列されています。物事の連関、意味についてはほとんど書いていないので頭に入らないのです。

そのために学校の歴史の授業よりも、予備校のほうがよい授業をするということになります。もっとも、予備校は変わりつつあります。一昔前の予備校というのは予備校に行くことによってほんとうに大学に合格しましたが、今の予備校は予備校の言うとおりにしていると危ない。なぜなら、予備校が夢を売るビジネスになっているからです。

すなわちパッケージ科目で科目数がとても多い。そして東大進学コースというのは明らかに東大に合格しないような生徒だけを集めている。東大に合格しそうな生徒には特進コースをつくっている。その人たちには予備校のほうから声をかける。もしくは予備校に来た場合も、奨学金を与えて授業料を払う必要がないようにしている。早慶に関してもそうです。早慶に確実に入りそうな人は囲い込んでしまう。

七〇年の歴史談話をどう解釈するか

予備校がきちんと機能していたころにつくられた、非常によい本は、野島博之《のじまひろゆき》先生の『謎とき日本近現代史』(講談社現代新書)です。同じ講談社現代新書に東京大学大学院教授の加藤陽子《かとうようこ》さんが書いた『戦争の日本近現代史』があります。この二人は夫婦です。二人とも近現代史を得意としています。野島さんは予備校で教えて、同じテーマを東大で加藤陽子先生が教えているわけです。

加藤陽子先生が『それでも、日本人は「戦争」を選んだ』や『戦争まで』といった、学校や書店で行った中高生向けの講義をまとめた本を執筆できるのは、私の推定ですが、パートナーとよく話をしているからではないか。今の予備校生がひっかかっているのは何かといった話を日常的に野島さんから聞いているから、高校生の問題意識がきちんとわかっているのだと思います。

ほかの先生だったら、ジュンク堂で講義してくれ、栄光学園に行って講義してくれと言われても、加藤先生のレベルの講義はできません。それは相手が必要としている、そこに合わせて話をするという準備ができていないからです。

では、まず満州事変の勃発を扱います。なぜ満州事変を取り上げるのか。二〇一五年八月に安倍首相が戦後七〇年の歴史談話を出しました。リベラル派や左派の人はその内容について批判しますが、虚心坦懐に読むと、村山談話よりずっとリベラルだと思います。村山談話では、「ある時期から国策を誤った」という認識です。ある時期とはいつか。日清戦争、日露戦争、満州事変、太平洋戦争のときか。それともポツダム宣言を直ちに受諾しなかったがゆえに、原爆投下とソ連の参戦を招いたことか。「ある時期」などというのは歴史認識においては何の意味もありません。

ところが我が安倍総理ははっきりと特定しました。いつ日本は間違えたのか。満州事変です。そうするとここから三つの解釈が可能になります。

（1）安倍さんが一番尊敬しているのはおじいさんの岸信介《きしのぶすけ》さんで、岸信介さんは満州国をつくって運営しました。今回、歴史認識の問題のために現代史の勉強を一生懸命して、満州国をつくって運営した岸信介ほど悪い者はいないという認識に至ったから、満州事変で日本は国策を誤ったという見解を表明した。
（2）今回の談話をつくるに当たって有識者グループが騒いでいる。それから連立の公明党もうるさい。だから腹の中では考えていないことでも、この場を逃げ切らなければいけないからということで、歴史談話を発表した。

（3）自分が読んだ文書の意味がよくわからなかった。

この三つの可能性があります。

もし一番目だとすると、政治家の信念がこのようにころころ変わっていいのかという問題が生じます。二番目だとすると、歴史認識のような根本問題で、自分が考えていることとは違うことを言っていいのかという政治姿勢が問われます。それから三番目は言わずもがなで、話者の知性の水準の問題になってきます。いずれにせよ、たいへん深刻な問題をはらんでいます。

ただ、満州事変で日本がまちがえたという、安倍首相の歴史認識は非常にいい認識です。その理由が、この野島さんの本を読むとよくわかります。

満州事変とは何だったのか

一九三一年、奉天駅付近で南満州鉄道が爆破されるという柳条湖《りゅうじょうこ》事件が起きました。日本軍は侵略的だからこういうことをやったのだろうというのは全部一般論で解消されてしまうから、なぜここで満州事変が起きたのかの説明にはまったくなりません。

軍隊も官僚組織です。下克上というのはどの官僚組織も禁止している。その下克上をおこなわなければいけないという、当事者にとってのせっぱ詰まった意識、プラス現状認識が必要でした。そうでないと、彼らが考えるところの国益が実現されないという考えです。

軍隊を突き動かす国民の声

それでは、『謎とき日本近現代史』の「中国の攻勢」を読んでください。

――統一された中国にとって、次なる国家的目標は明確でした。その一つは、近代的な独立国家となることです。

北伐が完了した時点で、中国は、かつての日本と同様の不平等条約がなお残存する状態にあっただけでなく、多くの列国に国土の一部を事実上奪われたままになっていました。もう今までのように、列国の餌食のままでいる必要はありません。奪われたものはすべて奪還し、主権を完全に回復しなくてはなりません。

こうして中国における国権回復運動が本格化します。一九二八年七月、蔣介石の率いる国民政府も、不平等条約を廃棄して平等互恵の新条約を締結することを宣言し、対外的な姿勢を明確にしていきます。

日本からみると、これはやっかいな事態でした。

中国の国権回復運動の突きつける要求は、日本も条約改正交渉に必死になってとりくんだ記憶をもつだけに、きわめて正当で当然のものであるはずです。にもかかわらず、日本はそれほど気楽に笑顔をみせることはできませんでした。（一五二〜一五三ページ）

日本が中国の要求に素直になれなかった事情は、それが必ずしも日本に利益をもたらさないからだという一般論だけで説明できてしまうほど、単純ではありませんでした。そこにはさらに、当時の国民感情も横たわっていたのです。

旅順・大連、南満州鉄道を中心とする権益は、おもに日露戦争の勝利によって日本にもたらされたものです。このため、満州の地には多数の兵士＝若者の血が流れているのだ、という気持ちを、当時の人々は共通していだいていたのです。中国の正当な要求は、日本の庶民を感情的に反発させる効果をもったため、満蒙問題の理性的解決はますます困難になっていきました。

もはや、関東軍の第二の動機は明白でしょう。

南からの政治的な攻勢を軍事力ではねつけながら、満蒙の地域を中国から完全に分離して日本のものにしてしまえば、中国の要求には根拠がなくなるし、日本の人々を満足させることもできるじゃないか――関東軍はこうした発想のもつ誘惑にとらわれていきます。（一五三～一五四ページ）

佐藤　日本は脱植民地ということを国是として、富国強兵政策をとりました。そして関税自主権を獲得することに成功する。その前提としては治外法権の撤廃が要りました。

中国も国力をつけて同じことを主張しましたが、日本がそれを認めるわけにはいかなかった。その理由には構造的な要因があって、中国東北三省には基本的に清朝をつくった女真族がまだ多かった。その女真族の地であるから、まだ中国人というアイデンティティーができていない。そうすると民族自決原則を利用すれば、中国人の民族自決権から東北三省は外すことができると考えた。中国の民族自決権の主張を、別民族だからということでかわすことができる。

もう一つは、南満州鉄道とか旅順や大連の港湾の整備、都市の整備には中国政府がお金を出していないことです。全部日本がおこなったことでした。そこに対して中国が何の金も払わずに民族自決権によって権益を要求している、それはおかしいという国民の声です。

しかも、日清・日露戦争は満州の日本の影響力に関しておこなわれた戦いであると考えた場合に、やはり血で獲得した土地であり、我々には特別な権益があるのだという世論がありました。国民の声によって軍隊が突き動かされる。政府は国民の声によって中国との関係を、中国の東北三省をも含んだかたちで確立することができなかったのです。つぎの「社会不安と人口爆発」を読んでください。

膨張する日本

——第三の動機として、日本のかかえる社会問題の解決、という点をあげておきます。まず、満州事変が史上最悪の昭和恐慌の時期に発生していることを、思いだしてください。

不況と恐慌の一九二〇年代を過ごしてきた日本にとって、当時、失業と倒産は日常的光景です。欠食児童や娘の身売りの続出も、それほど驚くような話題ではありませんでした。

満蒙の地が確保されれば、そこは独占的な資源供給地となり、かつ市場としての役割もはたしてくれるはずです。暗い世相のなかでビジョンをみうしなっている人々に、光明をさししめすことが可能です。

また、そうでなくても近代の日本には、つねにつきまとっていた問題がありました。それは急激な人口増です。一八七二（明治五）年に三五〇〇万人弱だった日本の人口は、六〇年たらずのあいだに三〇〇〇万以上増加して一九三一（昭和六）年には、六五〇〇万人（植民地人口などは除外）を突破しています。

一九二四年にアメリカで排日移民法が成立して以来、日本の移民は、ブラジルを中心に中南米へとむかっていましたが、満蒙の地は、太平洋を横断しなくてすむ、新たな移民先となるはずです。そこで農業開発が進展すれば、食糧の増産にも直結します。

実際、一九三二年の満州国成立以後、満蒙開拓団などの農業移民が本格化するのはややのちのことになりますが、いずれにしても数十万の日本人がさまざまな夢を胸に新天地へと飛びだしていきました。

つまり満蒙の地は、日本における社会問題を一挙に解決する特効薬であるかのような印象さえ漂わせていたのです。

関東軍の指揮官が国家的な使命感に燃えれば燃えるほど、あの土地はますます魅力的になっていきました。（一五四〜一五六ページ）

佐藤　人口には波があります。今、少子高齢化などと言っています。少子化と高齢化は別ですが、人口の波はアフリカを含めて、今後二〇五〇年ぐらいまでに向けて極端な出生率減少の波が起きてくる。これは世界の人口学者の共通した見解です。だから少子化というのは日本だけの問題ではありません。

それと同じように江戸時代の末期は、日本の少子化の波の時期でした。これが何ゆえに起きるかは、いろいろな説明がありますが、人類の人口の増減に波動があるのはまちがいありません。個別国家でも同じです。中国でも人口減はまた起きます。

一九世紀の後半からこの満州事変までは日本の人口増がずっと続く時期でした。だからそのあたりの感覚をとらえて、一九三五年に鶴見俊輔《つるみしゅんすけ》さんのお父さんで、当時有名な評論家だった鶴見祐輔《ゆうすけ》が『膨脹の日本』を書きました。要するに江戸時代に収縮するところまで収縮した日本が、いま膨張のプロセスにあると。だからそれは行き着くところまで行かないといけないという議論になるのですが、これは時代の空気を非常によく反映していた。その特効薬が満州のように見えた。

原節子の映画「新しき土」

原節子《はらせつこ》が二〇一五年に亡くなりましたが、彼女が出演した「新しき土」という映画があります。ゲッベルスの主導で日独提携のためにつくられた一九三七年公開の映画ですが、日本側の監督は伊丹万作《いたみまんさく》、あとはドイツ人の監督です。

当時、日独伊三国軍事同盟をつくろうとしたが、ヒトラーは『わが闘争』のなかで日本人を劣等人種と書いていた。だから都合が悪い。

そこで国民レベルでの見解を組みかえなければいけないということで、日本人はほかのアジア人とは違うということにした。

映画では、主人公は非常に貧乏な家に生まれています。それで金持ちの家に引き取られます。養父役は早川雪洲《はやかわせっしゅう》で、原節子はその娘役です。主人公と娘は子どものときから一緒に暮らして、いずれ家督を継がせるので娘を主人公の妻にする計画だった。ところが主人公はドイツに留学して個人主義の思想に触れてしまい、結婚は愛する者同士がするものだという、日本の伝統に反する恋愛結婚の思想を持つようになった。そして当時つき合っていた女性ジャーナリストとともに帰国します。その女性ジャーナリストを演じている女優の兄が親衛隊（SS隊員）で、金髪碧眼で筋骨隆々としています。

その映画に出てくる日本はとても恐ろしいところです。富士山がしょっちゅう噴火します。噴火のシーンになると、富士山から浅間山に変わって、噴火とともに地震が起きます。ひな人形が一年中出ているのですが、しょっちゅう倒れます。そういったなかで段々畑があり、みんな土地がなくて苦労して暮らしている。そして、なぜか東京駅から出発したはずの市電が金閣寺の横を通り、その後は海に出て厳島神社があり、途中に鎌倉の大仏がある。恐ろしいほどのオリエンタリズムです。

ですから、日本版とドイツ版が別の映画になりました。私はドイツ版しか見ていません。映画は結局、婚約しているにもかかわらず自分と結婚しないのは恥辱だと考え、原節子は火山に飛び込もうとします。その切なる気持ちを知り、名誉ということをこれだけ重視する民族なのかと、そのドイツから来た女性は書き置きをしてドイツに帰ってしまう。そして最後、主人公と原節子は結婚して満州に渡り、トラクターを一緒に操縦しながら新しい土地の開拓をしていく。

新しい土地というのは満州のことです。ドイツの東方植民とまったく同じ事情が日本の満州国建国にはあるのだということを納得させる。ドイツと日本は似た国だということを印象づける、三国軍事同盟を結ぶためのプロパガンダ映画です。満州国は当時の人口膨張に関して、ナチスなどと相共通する論理を持っていたのはまちがいありません。

原節子は抜群にドイツ語が上手です。彼女はあの当時一六歳くらいですが、ドイツ語を相当特訓したのでしょう。それで彼女はドイツに渡ってナチスの枢軸関係の国を回ったので、日本の女優として非常に有名です。

力と力の均衡線

話を戻しましょう。このつぎの部分が野島先生の特にすぐれた視点です。次の人、「アメリカの後退」を読んでください。

――第四の動機は、わかりやすい話です。

一九二〇年代に東アジア・太平洋地域の国際秩序として機能したワシントン体制は、アメリカによって主導され、現状維持的な性格をもつ点を特徴としていました。関東軍の行動は、九ヵ国条約に違反して東アジアの現状に重大な変更を迫るもので、ワシントン体制に敵対することは明らかです。当然、アメリカとの関係悪化を覚悟しなければなりません。

満州事変に対してアメリカは、事態を承認しないという声明（スチムソン・ドクトリン）を一応出しますが、それ以上の具体的な行動をとろうとはしませんでした。一九二九年からの世界恐慌によって経済的に完全失速していたアメリカは、同時に世界を指導する気力をもうしなっていたのです。

関東軍からみれば、これはチャンス到来です。今なら、ワシントン体制に敵対的な行動をとっても、アメリカは沈黙していてくれます。（一五六〜一五七ページ）

佐藤　結局、外交というのは力と力の均衡線で決まります。その力と力の変動が起きるとどうなるか。これは物理の法則です。境界線の引き直しがおこなわれる。だからどちらかの国の力が強くなってきたという背景がないと、領土国境紛争は起きません。

竹島問題が深刻になっているのは、日韓基本条約を一九六五年に結んだ時点とくらべると韓国の国力が圧倒的について、日本の国力が相対的に弱くなっているからです。

尖閣諸島問題で中国があれだけの挑発活動をできるようになったのは、国交正常化をし、日中平和友好条約を締結した一九七〇年代とくらべて中国の国力が圧倒的について、日本が相対的に弱くなっているからです。絶対的には日本も強くなっていますし、絶対的な国力はまだ日本のほうがある。しかし、相対的な力関係が変わってきたということです。

逆に一九五六年に日ソ共同宣言によって日本がソ連（ロシア）との関係を正常化したときとくらべると、日本の力が強くなってロシアの力は相対的に弱くなっている。ただし、二〇〇一年三月に、森喜朗《もりよしろう》さん、鈴木宗男さんによってなされたイルクーツク声明のときとくらべると、約一五年でロシアの力が相対的に強くなって、日本の力は落ちている。そうすると二〇〇一年のときの2＋2（ツープラスツー）のようなかたちで、歯舞群島、色丹島の引き渡しとともに、国後、択捉の共同開発と帰属確認交渉を並行的に進めていくというのはおそらくできないでしょう。

その意味において、力は外交をつくるうえでも、歴史を動かすうえでも決定的に重要です。さらにそういう条件のもとで重要なことを、うまく野島先生が整理しています。

近現代史を勉強する意味

石原莞爾のような特殊な考えを持っている人がいます。そのような人が、ある時代の空気にはまると、その人の理論で世の中が動くことがあります。最近では、金で買えないものはないというホリエモン（堀江貴文）などはそうです。竹中平蔵さんにしても新自由主義的なプロセス、自己責任というワーディングというのはやはり一つの物語であり、この二〇年の日本を形成してきました。

しかし、それによって格差が一段と広がり、中産階級はなくなり、新中産階級の上層部というのは、それこそ金融資産を一億円以上持っているような人たちということになり、一方で、一七歳以下の子どもの六人に一人が貧困線以下に陥っているというような異常な事態が生じてきています。

だから現在起きていることを過去に照らしながらアナロジカルに見て、近未来に何が起きるかを予測するということが、おそらくビジネスパーソンが近現代史を勉強するうえでは大きな意味があります。

この加藤陽子さん、野島博之さんの両方の本を読むと、そうした構造がよくわかる。そのうえで東洋経済新報社から出ている受験参考書の『いっきに学び直す日本史』の近代・現代編を読んでいただければ、近代史、現代史に関してビジネスパーソンとして必要とされる基本はいちおう身につけることはできると思います。

（二〇一六年九月六日）

第六章文献ガイド

安藤達朗著、山岸良一監修、佐藤優企画・編集・解説『いっきに学び直す日本史』（全二冊）東洋経済新報社、二〇一六年

加藤陽子『戦争の日本近現代史――東大式レッスン！　征韓論から太平洋戦争まで』講談社現代新書、二〇〇二年

金漢吉『現代朝鮮史』平壌・外国文出版社、一九七九年

野島博之『謎とき日本近現代史』講談社現代新書、一九九八年
ハーバーマス、ユルゲン（奥山次良・八木橋貢・渡辺祐邦訳）『認識と関心』未来社、二〇〇一年
藤代泰三『キリスト教史』日本ＹＭＣＡ同盟出版部、一九七九年
リッケルト（山内得立訳）『認識の対象』岩波文庫、一九二七年

第七章　武器としての数学
——組織力を高めるために

数学の危機

佐藤　私はもちろん数学の専門家でもないし、数学に特段に強い関心を持っているわけではありません。しかし、いまの日本の数学教育の状況にたいへんな危機を覚えています。

というのは、私自身は外務省で研修指導官をやっていました。そのときに、ちゃんと日本の大学の大学院まで出ていて外交官試験に合格している者を二人ほど、モスクワの国立高等経済大学に送ったことがありました。この高等経済大学というのはLondon School of Economicsと提携して単位を相互互換していて、ロシアの経済実務家を養成するところです。当時、ショーヒン副大臣が学長をやっていて経済大臣が教務部長をやっていました。日本外務省の研修生は二人とも成績不良で退学になった。これは私の愛国心をいたく刺激して、モスクワに直接行って教務部長と話をしました。何に問題があるのか、ロシア語かと。そうしたら、違う、三つあると言われました。

一番目は数学です。まず、偏微分方程式がまったく解けない。それから線形代数に関する知識がないので経済学の専門書を読むことができない。二番目は、論理学に関する知識が欠けているからディベートができない。三番目は、哲学史に関する知識が欠けている。日本人の学生たちは優秀だけれども、教育のシステムがかなり違うから、そのようなる大きな穴ができるようなことが起きているのではないかと言われました。それにしても日本の大学で経済学の修士号を持っている人がこの数学のレベルだというのは、率直に言って驚きだということを端的に言われました。

それから私は外務省のなかで非常な危機意識を持って、少なくとも高専の数学のレベル、すなわち大学の数学のレベルではなくて大学の教養課程二年ぐらいのところまで上げておかないと後でたいへんなことになると、かなり力を入れて指導したつもりです。そうしたこともあって、その後少なくとも退学になったりする人間はいなかったけれども、難しい試験を突破して外務省に入省した人たちでも、やはり数学には相当苦労していました。

これは外務省だけではなく、財務省もそうです。財務省というのは数字に強いように見えるけれども、じつは弱い。ということは、文科系教育の難点がそこにあるということです。要するに中学の段階ぐらいから数学から逃げられるような独自のシステムの弊害があらわれているのです。いま、何が起きているのかということについて、第三章でも紹介した芳沢光雄さんの『論理的に考え、書く力』（光文社新書）から引いて読んでみましょう。

――さて、「個性尊重」だの「多様な人材を集める」などという理由による〝入試改革〟

に関して、もう一つ挙げなくてはならないことがある。それは、主に1980年代にトップクラスの私立大学文系学部から始まった「少科目入試」である。この入試を導入した本音は、「偏差値のつり上げ」である。入試での偏差値は、生徒が受験した科目の日頃の成績と合否結果で算出するのである。

たとえば、英語と社会だけで受験できる某私立大学があるとする。A君は数学と理科の偏差値は35であるものの、英語と社会の偏差値は70とする。Bさんは数学、理科、英語、社会どの科目の偏差値も65とする。その大学の受験結果でA君は合格しBさんは不合格になったとすると、その大学は偏差値70の人は合格するものの、偏差値65の人は不合格になる〝超ハイレベル〟な大学ということになる。第2次ベビーブーム世代が受験した頃週刊誌で「ついにMARCH《マーチ》(明治、青山、立教、中央、法政)は偏差値で東北大学に大差をつけた!」という記事が躍っていたが、これにはそのような算出法が背景にある。

このような少科目入試をトップクラスの私立大学文系学部が始めた頃は、一科目を入試必須科目から外すと偏差値は5ポイント上昇するのが相場であった。外す対象として最も狙われたのは、言うまでもなく数学である。現在、私立大学文系学部の入試で数学が必須の大学は日本全国で確か2、3校である。トップクラスの私立大学が始めたものだから、中堅以下の私立大学は、理念などはかなぐり捨てて偏差値競争に負けないように少科目入試を続々と導入したのだ。
その行き着いた先は、一部の私立大学で導入された1科目入試であり、それがエスカレートして「剣玉」や「カラオケ」などの〝一芸合格〟も流行った。そのような流れで特に迷惑を被った学問は経済学であろう。「私大経済学部では数学は不必要」という、世界の中でも稀な日本固有の迷信をつくってしまった。(一三六～一三八ページ)

佐藤　こうした数学の問題が起きた背景には、偏差値競争の激化があったということです。入試から数学を外すと、偏差値が五上がる。だから私立文系は、みんな数学を入試の必須科目から外してしまった。その結果、数学がなくても経済学部、さらには大学院に上がって、そのまま修士課程に入れるという異常な状況が生じ、しかも再生産されています。

最近、私が問題だと感じているのは、中高一貫制で、パイが結構大きい、学年に一〇〇〇人ぐらいいる学校です。そのなかで数学が得意な連中を絞り込んで、東大なり一橋なり京大なりを狙わせる。残りのなかで比較的努力ができて頭の回転の速い子は早慶上智を狙わせる。その子たちには、完全に数学を迂回させて、数学は座っているだけで単位をあげるというように、英語と社会と国語だけに特化させる。こういうやり方がもう二〇年ぐらい続いています。

こういう新興一貫校のことを私は受験刑務所と呼んでいますが、こうした方法が蔓延しているために、外務省に入ってきて研修に出しても、学力不良で退学になるようなことが起きてくるのです。さらに芳沢先生の本から引きます。

――最近、特に算数・数学の「非言語系」と呼ばれる分野で、大学生の間で様々な「奇妙な現象」が起きている（略）。それはたとえば、高校の数学Ⅱで学ぶ多項式の微分・積分の計算はできる者が、算数で学んだはずの比と割合の概念をよく分かっておらず、就職活動の適性検査の問題を誤って答えてしまうような現象だ。より具体的には、食塩水の濃度の問題などで、「〜に対する……の割合」という表現を「……の〜に対する割合」という表現に変えると、混乱してしまう者が数多くいる。

その背景には、国語の文章理解力が弱くなったことのほか、算数・数学の問題の答えを「導く」のではなく、暗記科目と同じように「当てる」ものだと勘違いしていることがある。その主な原因は、大学入試センター試験に代表されるマークシート式問題に合わせた学びにある。大学入学者の約7割が、AO入試か推薦入試か全問マークシート式試験で合格している実情は、「短時間の面接での型にはまった受け答え」か「やり方を覚えて真似

すること」だけを得意とする大学生を大量に生んでしまった。（三〜四ページ）

佐藤　マークシート式にいろいろな問題があるというのは、非常におもしろい見方です。五肢択一では、大体「3」の選択肢の確率が高くなるといいます。出題者の側からすると、一番目と最後のところに回答は置きたくない。そうすると自然に三番目が多くなるということで、それが有意かどうか統計をとってみたら、明らかに有意な数字が出てくるといったことが詳しく書いてあります。

芳沢先生の本に私が最初に注目したのは、今から十数年前、『分数ができない大学生』という論集を読んだときです。状況はそのころと変わっていません。いまでも日本の大学生の一七パーセントぐらいが $\frac{1}{2}+\frac{1}{3}=\frac{2}{5}$ と解答します。この問題は、皆さんが新人教育をおこなううえで、一つのポイントになります。じつは東京大学、一橋大学、京都大学をのぞくと、国立も含めて文科系において数学はほとんどスルーできる状態になっています。新人のプライドを傷つけないように気をつけながら、そこの力は早めにチェックをしてください。

芳沢先生は、数学検定の準2級が必要と言っているけれども、私が今まで見てきた皮膚感覚としては、準2級はハードルが高いかもしれません。3級、中学修了レベルの数学は合格するようにうまく指導してください。どんなに数学ができなくても、半年ぐらいで到達することはできるはずです。

もし、新人のなかに、あるいは、今日話をきいている人のなかに、数学が思い切り苦手で、もう数検の試験を受けるのも嫌だ、怖いというぐらいの人がいるとすれば、公文《くもん》に週二回ぐらい半年通って準備するほうがいいと思います。公文は、いくら量を消化しても授業料は一緒ですから。

公文式というのは、自分との闘いで、基本的に褒めてできるようにするという日本独特の教育法だから、絶対に不快感を抱きません。週二回公文に通う習慣がつけば、中学までの数学だったら、仮に小学校の範囲からスタートしたとしても半年で追いつきます。とりあえず公文で中学生のところまで終えたところで数検の3級を受けてみる。

それから高校一年分が三ヵ月ぐらい、高校二年、三年とあわせて一年ぐらい。高校二年から微分法、積分法が入ってくるので、計算自体は簡単だけれども概念が難しくなります。そうしたことを踏まえても、全体で一年半から二年ぐらいの計画を立てれば問題は解決すると思います。そうしておくと明らかに会社の力もチームの力も強くなります。

逆にそのレベルまで到達できないということは、$\frac{1}{2}+\frac{1}{3}=\frac{2}{5}$のようなレベルの可能性があるということだから、その人間にまともな仕事を任せることはきわめて危ない。

もっとも、それはいまの内閣だって心配です。$\frac{1}{2}+\frac{1}{3}$の問いに全員が正しい答えを出せる保証はありません。

エピステーメーとテクネ

私自身、高校のときは、やはり数学から逃げていました。数学の必要性を感じたのは、大学に入ってからです。神学部に入学したときに、神学と数学が隣接しているということを非常に痛感しました。例えばスコラ学というのは非常に論理的です。神というのは無限なものであるといったときに、そのときの「無限」をどのように考えていくかは大事な問題です。そのときに、カントールの集合論ではないけれども、カントールの言っているような無限は、加算してそれをどんどん大きくしていくような概念ではないということを知っておく必要が出てきます。このように、神学と数学の親和性に気づいて、数学をやるようになりました。

さて、今日やることは何かというと、数学を学ぶうえでの全体の方向づけです。『東大の数学入試問題を楽しむ』（日本評論社）の著者の長岡亮介《ながおかりょうすけ》さんは、カリスマ数学教師です。東大の理学部数学科を出て、普通だったらそのまま大学の先生になっているような人です。しかし、ちょうど全共闘の世代で、学生運動に関わっていたのだと思います。

予備校でも、それから放送大学などでも教えていました。
それでは、この『東大の数学入試問題を楽しむ』の「はじめに」を読んでください。

——「数学とは、どんな世界なのであろう？」「数学を学ぶことには、どんな意味があるのだろう？」「数学が好きになるために、何をしたらよいのだろう？」——本書は、筆者が、これまでに何度も訊ねられ、一度もうまく答えることができていない、このような、「ふつうの人」からの質問に答えるための試みである。

まず最初に、常識的な見解の検討からはじめてみたい。

数学は、大変不思議なことに、小学生が勉強を開始するレベルでは、理解がひどく難しいものでは決してない。筆者が不思議というのは、定義も論理も学んでいない幼い小学生が、自分の「頭」を使って答えを導くことができる、しかもその答えに《絶対的な確信》をもつことができることである。子どもに最も好かれる学科の1つが「算数」であることには、こういう理由があるのではなかろうか。

しかし、残念ながら、学年が進むに連れて、苦手な人が増える「難しい科目」へと、そしてそれにも関わらず「難関校進学のために重要な教科」へと変容してしまう。（「はじめに」ⅰページ）

佐藤　実際に東京大学の数学の二次試験の問題を解いてみることによって、じつのところ東大の数学入試というのは、極度な計算力は要請されない、なおかつ理解力があれば解けるということをこの長岡さんは述べています。その時代の数学トレンドを非常によく示している、きわめてユニークな本です。

――しかし、この近代の数学が伝統的な数学と決定的に違っている点がしばしば見過ごされている。それは、近代数学特有の計算的・技術的な側面である。古代ギリシャ以来の数学が観照（テオリア）と呼ばれる瞑想的な思索を基本としてきたのに対し、近代数学は、代数的な方程式や解析幾何、また微積分法に象徴されるように、偉人たちが開発した技法を使いこなすことができれば、誰もが自分自身の「手」を使って同じように正しい結果を得ることができる。近代数学は、このような手法の合理性と普遍性に大きな特徴をもつ。歴史的には、数学は、19世紀以降ふたたび瞑想的な思索を重視するような革命的な自己変革を遂げ、いわゆる現代数学の形成へと至るのであるが、いわゆる応用において極めて重要な数学の手法（積分、微分方程式、べき級数、フーリエ級数、……）は、その技法（テクネー）を駆使するために、技術的な知識があればとりあえずは十分である。（「はじめに」iiiペ

ージ）

佐藤　古代ギリシャでは、学問にはエピステーメーとテクネという二つの要素があると考えられていました。エピステーメーというのは学知で、それに対してテクネというのは技術です。自動車の運転をするうえで、自動車がどういう構造になっているかというのは、エピステーメーにあたります。ところが実際に自動車をどのように運転するかというのはテクネで、訓練が要る。語学もそうです。文法構造とか文法学、文法論はエピステーメーだけれども、実際に英語の読解をする、文章をつづるというのはテクネです。テクネは時間がかかる。一回でマスターできる人がいない。だから、近代数学というのはテクネのウエイトが非常に高くなってしまったので、哲学とは関係ないと思われるようになったけれども、数学の根っこには哲学的な考え方があります。

数学は暗記科目ではない

この『東大の数学入試問題を楽しむ』は和田秀樹《わだひでき》さんの「数学は暗記科目」という主張を強く意識しています。いわば、それに対する強力なアンチです。この本は読み物としてもとても優れています。

この本では、具体的な問題に限定して四一の問題を解いています。最近、私は高校の後輩や受験生たちから、受験の相談を多く受けます。小学生の受験相談もあるので、いろいろな試験問題を見る機会があります。そうして見てみると、オリジナルで数学問題をつくっているのは東大と京大と東工大です。あとはその三つの大学のどこかでかつてやったものの変形が多いように思えます。京大は沽券《こけん》にかかわるので、東大と同じような問題をつくらない。東工大と東大はお互いによく見ながら、相互乗り入れしている感じがします。高校の先生などがこの本を丁寧に読んでおけば、どの大学の数学系の入試問題でも、基本形としては対応できると思います。

第三四話「たまには腕力を使うロゴスの世界を紹介しよう」に、例えばこういうことが書かれています。

――「数学教育の目的は若者の論理的な能力の育成である」とは、一昔前は、やたらに強調されていた、ある意味では使い古されて手垢にまみれた感すらある、数学教育のキャッチ・コピーである。しかし、最近は全く別のコンテクストから、これがまた話題とされているようだ。おそらくは、従来ＴＩＭＳＳ（Trends in International Mathematics and Science Study国際数学・理科教育調査）と呼ばれる国際学力調査で比較的上位を占めてきた我が国の若者の数学の成績について、ＯＥＣＤの主導する国際学力評価プログラムＰＩＳＡ(Programme for International Student Assessment 生徒の学習到達度調査) において芳しくない結果が出ていることに「衝撃」を受けた人々が、基本的、機械的な計算力とはひと味違った、しかし、本来は基礎力の上に当然築かれてしかるべき基礎能力である数学的な読解力や論理的構成力の養成が、現在の我が国の学校教育に欠けているためであると「分析」しているからであろう。教育問題、特に学力低下問題は、人心を惹き付ける「必ず売れるネタ」の1つであるから、これが話題となるのは不思議ではないが、そのような声を背景とするまでもなく、数学は、昔から、思索とコミュニケーションの基盤的な能力の鍛練の場として重視されてきたことを忘れてはならない。

最近は論理というと、「冷たい」とか「理系の」といったレッテルを貼ってすませてしまう傾向が、我が国にはどこかあるようだが、論理を意味する英語 logic の語源であるギリシャ語のロゴス (λογος = logos) には、「理性」や「弁明」、そして数学における「比」という意味の他に、最も主要なものとして「言葉」という意味があった。新約聖書の『ヨハネによる福音書』の冒頭は、一般には「はじめに言葉があった。言葉は神とともにあり、言葉は神であった」と訳されている。ここで「言葉」にあたる原語は、まさにロゴスである。ロゴスがラテン語のラティオ ratio になり、それが英語の ratio, ration, rational, rationaleなどの語源となったことを考え合わせると、聖書の歴史的文脈を無視してちょっと無理すれば、「はじめに論理があった」とか「はじめに理性があった」と訳しても誤訳とは断定できまい。(一四四〜一四五ページ)

佐藤　ギリシャ語のロゴスには神秘的な要素がありました。それがラティオに変わっていき、利子率の計算や、かなり緻密な論理が加わっていくことで、ギリシャ語であるところのロゴスの神秘性がなくなってしまう。

AイコールB、BイコールC、だからAイコールCだという捉え方は、頭の悪い人が物事を理解する方法だと中世では考えられていました。どうしてかというと、ラティオというのは誰でも持っているからです。それに対して、ほんとうに神を知るといったことは、特別な才能のある人が直観的にとらえるというふうに考えたのです。

ところがカントは、その直観というのは正しいか、どうやって判定するのかと言います。それによってラティオの地位が急激に上昇したのが近代です。

さて、一九七〇年代というのは東京大学にかぎらず、日本の入試問題が一番難しかった時代です。そのときどういう領域が問題になっているかというと、一つが閾値《いきち》問題です。そんなに難しい計算力は要りません。きちんとした場合分けをして、範囲を確定していくという作業です。物事を何らかの基準によって分割していって、その条件を当てはめるかたちで、一つの仮定から出てきたときの結論を導き出していくという構成で、すごくおもしろい問題があります。必要とされる計算力は中学生レベルですから、答えを見ながらでいいからやってみることをおすすめします。

帰納と演繹

今の数学と、私や、私より少し先輩たちが高校生だったころの数学で、もっとも違うのは、平面幾何のところです。要するに公理系に関する問題というのが、我々が高校生時代のころは比重が大きかった。

それについてちょっと見てみましょう。

じつは大人になってからの数学で重要になってくるのは、公理系の問題です。

学習参考書の古本市場という特別の市場がありますが、『大学への数学　ⅡB』(研文書院)という一九七五年の本は、おそらくいまだったら七、八万円すると思います。

「平面幾何の公理的構成」の部分を読んでみましょう。

――A7・1　公理的方法

新しい命題を導びくための推論は、大きく2つの種類に区別できる。いくつかの事例から類推してある命題の成立を予想する〈帰納 induction〉と、すでに正しいとわかっている命題から、純粋に論理的な操作のみによって新しい命題の成立を主張する〈演繹 deduction〉とである。物理学、生物学など、いわゆる経験科学の命題（たとえば、「酸素ガスの重さは同温同圧同体積の水素ガスの16倍である」）は、原理的には、「夕焼け空なら翌日は晴れ」といった日常経験に基づく命題と同様にすべて帰納に属し、それに反して、数学に代表される論証科学の命題（たとえば、「3角形の内角の和は2直角に等しい」）は、演繹によって導かれる。（三五二ページ）

佐藤　我々は世界の出来事を、ほとんどは帰納的な方法でとらえています。この帰納法的な考え方を厳密にしていくと、例えばデイビッド・ヒュームみたいな発想になるのです。物事を確実に言えるかどうかというと、確実に言えることは何もない。だから明日、太陽が東から昇るということも確実に言うことはできないと、このように考えます。これは、宇宙物理学から考えたら、じつは必ずしも間違いではありません。なぜか。いずれ太陽は肥大してくるはずです。そして地球をのみ込んでしまう。そういう状況になったときは、地球は太陽にのみ込まれている時代になるわけだから、明日、太陽が東から昇るということは地球において起きない。

そうすると、ある種の天文学的な時間が流れた場合は、もしかしたらヒュームが言っていることが正しいのかもしれない。だから絶対に確実なことはないというところと帰納という考え方は、すごく関係しています。

もう一つは、演繹的な思考をする場合、現実の世界にそういうものがあり得るのか、あるいは人間の頭の中だけの世界、形而上学的な世界なのか、議論は分かれます。ただ、数学者はあまりこういったことは詰めません。関心を持つのは哲学者のほうです。

論証不可能な原理

――帰納と演繹との最も重大な相違は、帰納によって得られた結論には絶対的な確実性が欠け、1つでも反例が見つかるとその妥当性の根拠が失われるのに対し、演繹による結論は、その前提となった命題が承認されている限りにおいては、反例の見つかる可能性すらなく、最初から普遍的妥当性・必然的真理性を有している、という点にある。数学的命題の絶対性は、こうして、演繹のそれに基づいているのである。

ところで演繹においてはつねに、「すでに正しいとわかっている命題」が前提とされねばならないから、当然、『論証的学問はいずれも論証不可能な原理から出発しなければならない。そうしないと、論証の段階がとめどがなくなるからである』(アリストテレス)ということになる。この「論証不可能な原理」を、ギリシア人は〈公準〉とか〈公理〉とか呼んだ。(三五二ページ)

佐藤　理屈で説明しているところをずっと詰めていくと、あるところで理屈では説明できないものが出てきます。

例えばここに本がある。アリストテレスにしたがって、形相と質料で物事を考えれば、本というのは形相、紙は質料です。では、紙は絶対的に質料なのか。紙はパルプとの関係でいえば、紙が形相でパルプが質料です。パルプは木材との関係においては、パルプが形相で、木材が質料です。同じように、木材は木との関係においては、木材が形相で、木が質料です。そのようにしてたどっていくと、最後にもうたどれなくなるものがあるとアリストテレスは考えた。それを第一質料といった。

第一質料というのは動かない。近代の神学というのは、この第一質料と神をくっつけてしまったのです。哲学もそうです。だから、ものすごいねじれがあるわけです。

平行線は交わらないか

さて、これにつづけて、ユークリッドの『原論』にあるところの公準、公理として、つぎのものを挙げています。

――公準

1. 任意の点から任意の点へ直線をひくことができる。
2. 有限の線分は延長することができる。
3. 任意の点を中心とし、任意の半径の円をえがくことができる。
4. すべての直角は互いに等しい。
5. 1直線が2直線に交わり、同側内角の和を2直角より小さくするならば、この2直線は限りなく延長されると、2直角より小さい角のある側で交わる。(三五二ページ)

佐藤　この学習参考書がすぐれているのは、ユークリッドの公準の五番目です。このレベルは、明らかに高校の域を超えています。通常、高校の教科書では、当時においても、ユークリッドの公準の五番目は何となっているか。平行線は交わらないと出ています。しかし、はたしてこれが公準として成り立ち得るのか否か。このところは議論になっていて、その議論というのはなかなか解かれなかったけれども、一九世紀になって解かれた。何によって解かれたか。リーマンの登場です。リーマンが登場したことによって、平行線は交わるというかたちでの公理系を立てても、公準を立てても、無矛盾なかたちで論理的な展開ができるということが明らかになりました。

どういう状況で平行線は交わるかというと、地球儀を考えてみるといい。地球儀の赤道、例えば南アメリカ大陸のどこかの赤道と、インドネシアの赤道を考えてみる。赤道の経線と緯線が交わっているところは九〇度です。これを延ばしていって北極でつなげる。そうすると、北極で一定の角度がある。三角形の総和は一八〇度を超えるとともに、これは、メルカトル図法で見てわかるように平行です。平行だけど交わる。ということは、我々はいままでユークリッドの公準を平面の上だけで考えていたわけです。ところが、これが凸型の曲面だったら一ヵ所で交わるし、凹型だったら今度は二ヵ所で交わることができます。そういうふうにして曲面のところで考えるというかたちにしたら、平行線は交わるのです。

昔からユークリッドの公準の五番目というのは、この公準以外でも成り立ち得るのではないかと、ギリシャ人たちも中世の人たちもいろいろ議論していたけれども、結局それは近代になって解決されました。

こうした発想は、やはりキリスト教文化圏でなければ出てこなかったと思います。なぜか。ユダヤ教は、神様と人間は別のもので交わらない。イスラムも交わらない。キリスト教というのは、まことの神でまことの人で平行のはずだけど、一ヵ所で交わる。このリーマンは、基礎教育は神学で、途中から数学に移ったという経歴をもっています。父親はルター派の牧師でした。神と人間は違うものだが、ただの一点において交わる、そういう刷り込みがあるから、逆に今までの常識と違うところでも、球面の上での平行線は交わるという見方が生まれたのです。このつぎの公理のところを読んでください。

——公理　1. 同じものに等しいものはまた互いに等しい。
2. 等しいものに等しいものが加えられれば、全体は等しい。
3. 等しいものから等しいものがひかれれば、残りは等しい。
4. 互いに重なり合うものは互いに等しい。
5. 全体は部分より大きい。

これらの命題がギリシア人にとっては、単に論証不可能であるばかりか、論証不必要な自明の原理と見なされていたということはとりわけ強調されねばならない。(三五三ページ)

佐藤　どんな文化圏のなかにおいても、こういう公理系になっているものがあります。理屈の先のところで通らないという感覚を研ぎ澄ましていくということも数学をやるところの一つの意味になります。アナロジカルな用法として、例えば天皇制というのは、日本人にとって公理系なのかどうか。こういったことは、日本の社会を見るにおいては非常に興味深いものです。

教養としての数学

つぎは、私が大学時代にとてもお世話になった教科書の『新訂　数学通論』(大明堂)です。小堀憲《こぼりあきら》さんは京大の先生で、どちらかというと数学史の先生だけれども、数学史を使いながら現代数学を教えていく独自の手法をとっています。新潮選書から出ていた数学史の本が、現在はちくま学芸文庫に入っています。

大学の数学の教科書と学習参考書との本質的な違いはわかりますか。大学の教科書には答えがありません。だから、演習のなかで必死になって答えを書き写すというのは、だいたい、大学の一年生の肉体労働として数学の時間にやらされるわけです。

この教科書の特徴は、旧制高校時代の教養主義の人がつくったため歴史主義がとられていて、いまの教科書とはまったく違うつくりになっています。さらに、この教科書がよくできているのは、全体像を見渡すためにも使えるけれども、フルコースで食べなくても、そのなかからアラカルトに近いかたちで、それぞれの専攻分野に対応できるようになっているところです。数学のように時間のかかる科目においては、親切なつくり方です。

それからもう一つ、数学を利用する側の人と、数学の知識を供給する側の人に関しては、それぞれ知っておかなくてはいけない知識が違うということが踏まえられていいます。特に供給者については、古代の数学であるバビロニアやエジプトやギリシャの数学の反省から、どうやって新しい数学が生まれてきたのか、具体的にはどのように座標軸は生まれてきたのかというような話にも結構ウエイトを置いています。

ただ、現在の実用数学の視点で考えた場合、やはり戦前の旧制高校型の延長線上にある数学教科書のため、線形代数がありません。そうすると、どういう問題が生じてくるか。ロジスティックの組み立てがあまりできない。弾を撃つときの弾道計算はできる、あるいは飛行機の製造はできる。ところが物資をどのように配備して、どこに置いて、どのようにして船に載せて運んでと、そういうところには対応していません。したがって、日本があの戦争でどうして負けたのかということは、じつは日本のエリートたちがどういう数学を学んでいたかということとすごく密接な関係があります。

では「古代の数学」のところを少し読みましょう。

――バビロニアとエジプト　われわれの生活には、「数」は言葉と同じ程度に心要《ママ》になっているが、このようなことが、「いつ？」「どこで？」起こりはじめたか、についてはほとんど知られていない。われわれに残された記録ができたときには、もう、原始的な状態よりも、はるかに進んだものになっていた。それで、われわれがこれから述べように《ママ》思うことも、この時代からはじまる。

　ティグリス河 Tygris《ママ》 とエウフラーテス河 Euphrates との間にある地域、後にギリシア人が「河の間」という意味で、メソポターミア Mesopotamia と呼んだ地域に、バビロン Babylon を首都として大きな帝国バビロニア Babylonia が建設された。シュメール Sumer の文化をうけついだ人達であって、ずいぶん進んだものであったことは、この国の人達の用いていた楔《くさび》形文字を解読することができるようになってからの研究によって、明らかになった。

　記数法は「十進法」と「六十進法」との両方が用いられていた。どういうわけで六十進法が採用されるようになったのかは、わからない。今も研究されていて、いろいろの説が出ているが、今のところは、いずれも、仮説の域を出ていない。

　アメリカのペンシルヴェニア大学 Pensylvania《ママ》 の探険隊がニップール Nippur 付近で発掘

したものによると、計算が達者であったらしいことがわかる。乗法も除法も、ずいぶんと大きな数について、行なわれていたようである。イギリスの大英博物館 British Museum に保存されている「泥片」の楔形文字を、フランスのテュロ・ダンジャン F. Thureau-Dangin（1837－1913）が解読したものを見ると、『一つの正方形の面積とそれの周の長さとの和が41分40秒であるという。この正方形の一辺の長さはどれだけであるか？答10分』というのがある。解法が示されていないで答えだけしか与えられていないので、どのような方法を用いたかは不明であるけれども、この答の正しいことから判断すると、2次方程式を解くことを知っていたのではないか、と推測される。（一～二ページ）

佐藤　六〇〇〇年前にすでに二次方程式があったらしいということが書かれています。エジプトよりも前にメソポタミアのときから生まれているということです。

この本は、教養としての数学という意味では頂点として考えられるでしょう。この本には多変数の変換が出ています。多変数、いくつかの変数があるうち、ある項だけを変えて、ほかのところは動かないというようにすると、どのように全体が変わるか、ということをつぎつぎと比較していきます。

この考え方というのは、戦争においては、この部隊がとりあえず動くとして、あとの部隊は動かないとすると、そのときにどういう態勢の変化があるか、逆に、この部隊は動かないで別の部隊だけが動くとしたら、どういう変化があるか、といったものでした。それを経済に応用してできあがったのが、金融工学です。

経済に役立つ数学

『数学通論』が教養としての数学のいわば代表作であるのに対し、徹底的に実用性というところから組み立て、理学部の大学院ぐらいで使うような数学技法を大学の一回生、二回生ぐらいでとりあえずマスターしてしまおうという意欲的な本が、西村和雄《にしむらかずお》著『経済数学早わかり』(日本評論社)です。この西村和雄先生が書いた本に対しては、その後数学者が批判を加えましたが、とてもいい本だと思います。

――近代経済学は、数学の果実を取り入れることによって建設的な議論を可能にしてきました。それは論理の構築だけに留まらず、計量経済学などとの連携によって実務や政策に大きな影響を与えてきています。数学が経済学に与えたよい意味での影響は、計り知れないものがありますが、一方で数学の習得の困難さは多大なものがあり、効率的に学べる経済数学が必要となってきているようです。(「はじめに」ⅰページ)

佐藤　この「近代経済学」というワーディングは日本にしかありません。最近の経済学の本を読むと「近代経済学」と書いてなくて、単に「経済学」とか「主流派経済学」と書いています。日本はマルクス経済学が強かったから、マルクス経済学以外の経済学を近代経済学と指すようにしていたけれども、マルクス経済学の研究者がほぼいなくなってしまったことが影響しています。

近代経済学という言葉をつくった人は、杉本栄一《すぎもとえいいち》という一橋大学の数学の教授ですが、若くして亡くなってしまいました。「杉本経済学」と言われる、すごくユニークな経済学の考え方は、いまでも竹中平蔵さんとか浜矩子《はまのりこ》さんたちが受け継いでいます。一橋の経済を出た人たちというのは経済学説史的なアプローチをします。

杉本栄一さんの『近代経済学の解明』という本のなかには、ケンブリッジ学派やローザンヌ学派などと並んでマルクス学派が登場しています。本来の近代経済学というのは、マルクス経済学といわゆる主流派の経済学を全部合わせて近代経済学と言って、そのなかで相互に切磋琢磨したほうがいいという考え方だったのです。

数学の教科書では対応できない

『経済数学早わかり』が刊行されたのは、一九八二年です。先ほど言ったような軍事工学の成果が経済数学に応用されつつあるということで、経済数学が加速度的に進んでいるということがありました。従来の他学部の一般教養で使っている数学の教科書では、経済学の数学は対応できなくなったわけです。

一昔前は、経済学で使う数学というのは一つのスタンダードがありました。岩波文庫に入っているヒックスの『価値と資本』です。その本の後ろについている数学付録のレベルの数学ができれば、マクロで使う数学の水準というのは知れているから、ミクロ経済学は対応できるということだった。しかし、それでも対応できないような数学が出てきてしまった。それに対応するために西村先生が考えてつくったのが『経済数学早わかり』です。

西村先生は、標準的な数学の教科書には載っていない、理学部の大学院レベルのことを、経済数学ではかなり早い段階で学ばなくてはならないと述べています。つぎのところを読んでください。

——経済数学を学ぶあるいは教えるためには、一般に数学のテキストが用いられます。これは数学者が教える場合も経済学者が教える場合も同様でしょう。ところが経済学で用いられる数学は、数学の本の伝統的な章の配列からいくと、後半部分に登場するものが多いのです。典型的なものは、不動点定理です。これでは、一般の経済学徒は、本当に必要な章に到達する前に途中で匙を投げてしまうでしょう。つまり経済数学がむずかしいといわれるのは、一般の数学のテキストの終りのほうで出てくる概念を使う、または通常のテキストには登場しないことを使うからなのです。これがそのまま経済数学を学ぼうとする者にとっての障害ともなっています。数学の本を読んでいくと、一冊の本を読み通さなければその本の終盤のところに出てくる経済学に必要なわずかの数学すら学ぶことができないからです。(「はじめに」i〜iiページ)

佐藤　基本的に数学は積み重ねです。しかし、経済数学を使う人は、その積み重ねにしたがって習得していくと、経済学を勉強する時間がなくなってしまうわけです。そうすると、数学の厳密さではなくて直感に頼ることによってスキップしてしまう。そして実用的な数学のところへ行く。

こういう方法に対しては、数学者は、忌避反応を示します。経済学者は自分だけが論文を書ければいいという発想だから、あまり経済数学のような教育はやらないし関心を示さないので、結局、西村先生はあちこちから非難される。しかし、このテキストは、数学を専門とする人間ではなくて、普通に高校レベルの数学のところまでの知識で、その先の現在の社会科学や数学の応用を知るためには、すごく丁寧なつくりだと思います。

はい。では、目次を少し読んでみてください。

——第1章　集合と論理　§1　集合と命題　1・1　集合とは　1・2　部分集合と含意　1・3　同値命題　TEA TIME ONE　ラッセルの逆理

佐藤　ラッセルの逆理はわかりますか。今、ラッセルのパラドックスは、ほとんど論理学では出てきません。例えば、一人の北朝鮮の人間が、「すべての北朝鮮人はうそをつく」と言ったとします。そうすると、その人間もうそをついていることになりますね。すべての北朝鮮の人間がうそをつくということは、はたしてほんとうかということ、これがラッセルの逆理、自己言及命題です。

あるいは「理容師のパラドックス」とよく言われる。ある村の男たちを、理容師によってひげをそってもらう人と、自分でひげをそる人の二つに分けます。では理容師自身はどっちか。自分でひげをそっているとも言うし、理容師によってひげをそってもらっているとも言う。自己言及命題。日常的に、「あんたが言っていることって、あんたにも適用されるんじゃないの」ということです。こういうものが出てきてしまうと、論理はすごく錯綜してきます。これをどう避けるかということが論理学における大きな課題です。「外務省の人はみんなうそつきばかりですから」と言っている外務省の人がいたら、おまえもうそつきだということです。自分だけを特異点として例外にできないということは日常的にもよく見ておかないといけないわけで、ラッセルのパラドックスは役に立ちます。

こんな調子で、線形代数や、行列と行列式、微分と最適問題、一般最適化、さらには非線形計画問題などが扱われます。非線形計画問題というのはまさにロジスティックになります。それから、微分方程式と安定性、位相数学が入ってきます。

この本に含まれている内容は、例えば二〇巻ぐらいあるような岩波講座の数学全体が一冊に入っているようなものです。くりかえしますが、こういう方法がいいのかどうかということに関しては毀誉褒貶《きよほうへん》があります。ただ、数学プロパーで研究する人以外であって、大ざっぱに全体像をとらえるなら、この方法は当然ありえます。

よい教科書というのは、数学だけに限らず哲学や文学でもそうですが、この本をどのようにして使ったらいいか、使い方が書かれている本です。使い方を書かずにいきなり本題に入っている本というのは、どのようにして教材として使うかということを考えていないから、あまりよくないということです。

数学に自信のない人へ

さて、いま紹介してきた本に取り組んでも大丈夫かどうか自信がないという場合にはどうすればいいか。まず講談社ブルーバックスから出ている、芳沢光雄先生の『新体系・高校数学の教科書』を手に取ってみてください。

私が高校生だったころの数Ⅰ、数ⅡB、数Ⅲというのは構成がすごく安定していました。ところがその後、メーンコースとアラカルトという、変なカリキュラムになってしまった。Ⅰ、Ⅱ、Ⅲというのはメーンコースで、A、B、Cというのがアラカルトになっていて、学習指導要領の改訂ごとにいろいろ変更されています。最近の改訂で少し安定して、ⅢCというのはなくなってⅢはⅢだけになりました。これで複素平面と、たしか微積と確率だけになりました。

いずれにせよ、その移動があるので、今までは一年生で教えるところが三年生になったり、三年生で教えるところが二年生になったりするなどの入れかえがあって、よくわからないような状態になったので、芳沢先生が、過去約五〇年の数学の教科書を全部読み直して、大学の数学に連結するような、過度な計算に追われないかたちで組み直した数学がこの本です。

では、これをどのように使うか。端からやって潰していくというのは、ほんとうにもう一回きれいにやりたいという人には勧めるけれども、まず各節末の練習問題をやってみて、全然歯が立たないようだったらこの本は一回置いて、芳沢先生が同じくブルーバックスから出している『新体系・中学数学の教科書』を手にとってみてください。そして、同じように各節末尾の問題からやってみてください。これも全然歯が立たないということになると、かなりたいへんで、要するに小学校の算数のところからもう一回レビューをしなければなりません。ただ、この本は非常に丁寧にできていて、小学校五年生ぐらいからスタートして、中学生の分が全部終わるようになっています。

じつは僕は、これが出たときにおもしろいから、練習問題を全部解いてみました。高校数学のほうはやっぱり時間がかかりました。一五〇時間ぐらいかかりました。丁寧に読んでいくと、それぐらいの時間がかかる本です。逆に中学のほうは三〇時間ぐらいでできます。それでペースをつかんでくると、今度は高校数学のところにも入っていけるはずです。高校数学までのところをレビューしておけば、相当楽になると思います。この大人向けにつくった中学・高校の教科書だったら、おそらく両方で一年半で処理できます。これは英語の勉強などを考えた場合には、相当お買い得というか、効率がいいです。

この教科書をつくった芳沢先生は、数学者として優秀な方だが、数学科教育法の仕事をきちんとやって、それでこういった教科書をつくるというのは、ほんとうに頭が下がります。

エリートの数学力

今回は、数学の本をいろいろと紹介するというかたちをあえて取りました。何を言いたいかというと、数学に関しては勉強する環境や書籍はものすごく整えられています。だから、毎日二時間ぐらいでとりあえず二ヵ月、時間を割いてみれば、かなり抵抗感がなくなるのではないかと思います。

じつは先に紹介した『分数ができない大学生』では、数学受験をした学生と、しなかった学生のその後について追跡しています。それによれば、明らかにその後の学力に差が出ているし、就職などにおいても差が出ているといいます。この調査は約二〇年前の時点ですから、事態はもっと加速していると思います。

私が高校を出たのは一九七八年ですが、その少し後ぐらいから、日本においては、極度に数学が迂回できるような奇妙なシステムができてしまいました。

それでも国際試験での日本の数学の水準は決して低くありません。先日、講談社の人が、アメリカでおこなわれている大学入試適性検査（大学進学適性試験）のＳＡＴの資料を持ってきてくれたけれども、高校一年生の夏ぐらいまでのレベルです。

外国と比較した場合、日本の数学教育は、まだ小学校のところまでは崩れていないから、極端に悲観するような状況ではありません。ただ、中学ぐらいからかなり崩れ出しています。その崩れているところが、先ほども挙げた、いわゆるエリートを養成するはずの新興の一貫校で、受験に強い学校から崩れているから困るのです。公務員試験などを通過して国家公務員になる、一部上場企業のところへ総合職で入っていく人材を養成する学校です。しかし、その生徒たちの数学の能力が小学校程度というのでは困るのです。

（二〇一六年九月七日）

第七章文献ガイド

岡部恒治・戸瀬信之・西村和雄編『新版　分数ができない大学生』ちくま文庫、二〇一〇年
小堀憲『新訂　数学通論』大明堂、一九五五年
長岡亮介『東大の数学入試問題を楽しむ——数学のクラシック鑑賞』日本評論社、二〇一三年
中田義元・根岸世雄・藤田宏『新課程　大学への数学ⅡB』研文書院、一九七五年

西村和雄『経済数学早わかり』日本評論社、一九八二年
芳沢光雄『新体系・高校数学の教科書』講談社ブルーバックス、二〇一〇年
芳沢光雄『新体系・中学数学の教科書』講談社ブルーバックス、二〇一二年
芳沢光雄『論理的に考え、書く力』光文社新書、二〇一三年

おわりに　体験的読書術

読書計画のマトリックス

個人のキャリアアップのために読書をするのはとてもたいせつなことです。目標を定めなければならないとよく言いますが、その際に有効なのは、マトリックスをつくることです。横軸としては、読書の目的すなわち、仕事で使うために必要な読書なのか、教養をつけるために必要な読書なのか、趣味の読書なのか。一方で、縦軸としては、天井があるか、つまり、ここまでやればじゅうぶんだといえる基準があるものか、逆に、天井がないものかどうか、そのようなマトリックスが必要です（次ページ図）。

例えば、仕事でアメリカの研究機関に行かないといけないとします。そのためには、TOEFLのiBTで105点以上が必要です。そうすると、英語の勉強は仕事で、天井があるということになります。これに対して、うちの会社は国際展開しないといけないので、英語を覚えないといけませんというような場合は、同じように仕事ですが、天井はないということになります。

	仕事	教養	趣味
天井あり			
天井なし			

読書のマトリックス

最近、イスラムに注目が集まっているから、アラビア語を勉強しよう。だから教養としてアラビア語を知りたいというケースもあります。しかし、これはまずうまくいきません。教養を身につけるといった程度の弱い動機では、アラビア語のような複雑な言葉をものにできるはずがありません。これは天井がない。つまり、きわめて弱い動機で天井がないものというのは、身にならないのです。このように、自分が何をやって何の本を読むかということをマトリックスのなかに押し込んでみるわけです。

では、教養であり、天井はないという場合、どのような組み立てにすればいいのか。教養としての読書においては、動機を継続させることがすごく重要になってきます。趣味は好きでやっているから動機が強くなります。教養として身につけないといけないという場合は、必ずしも好きであるとは限らない。そこで天井がないものだと、やはり強い動機を維持することが必要になってくる。

例えば仕事で、ある言語をやらなければならないとします。そうしたら、英検に相当するような試験があるかどうか探して、自分にあった級をめざす、つまり天井があるところに押し込んでいったほうがいい。その天井をクリアしたところで、天井がない方向に移行させていくという、たぶんこういう考え方になるでしょうね。

このことからもわかるように、教養のための語学や、趣味の語学はやめたほうがいいです。語学はそう簡単に身につきません。語学の勉強は身につかなければ、単なる時間の無駄です。言語学者はいろんな言語を見ますけれども、それは言語がどういう構成になっているかという骨を見ています。彼らの多くは、話せるようになるということも、単語を覚えるということも考えていません。

よく英会話ぐらいできるようにならないと、と言われます。しかし、観光旅行で行くようなところは、まず日本語が通用します。相手は日本人の観光客から金を巻き上げようと思っているのだから、お土産物屋でもホテルでも、わめけば日本語が通じる人間が必ず出てきます。観光だけなら日本語だけで、まず不自由はないし、簡単な中学校レベルぐらいの英語が話せれば、サバイバルできます。

旅行に行くからという程度の語学であれば、文法などは無視して、簡単な会話帳で五〇か六〇ぐらいのフレーズを全部覚え、数字を覚えてしまうのが得策です。機械的に出てくるようにすればいい。

私自身の二〇一六年の読書計画を話しますと、一九九三年に亡くなったドミトル・スタニロアエという非常に有名なルーマニアの神学者がいます。この人による正教の教義学の神学書が出ていて、全部で六冊あります。結構難しい英語で、一冊二五〇ページぐらいです。それをきちんと読み切るというのが読書計画です。だから、マトリックスにあてはめれば、教養で天井のある、そういった読書を、四ヵ月くらいでやろうと計画しています。

現段階では教養の枠に入りますが、それでも、その読書が終わった後には、これを何らかの教材にして同志社の神学部の講義で使うことになると思います。そうすると今度は仕事のほうにシフトする。このマトリックスというのはいろいろシフトする。頭の中に図を思い浮かべながら、今、どこにいるかを考えるのは、とても重要です。

マトリックスを使った仕事術の本はたくさんあります。例えば竹中平蔵さんの仕事術の本はすべてマトリックスで説明しています。彼の場合は仕事と趣味だけで、教養という部分がない。「天井がある」と「天井がない」はある。だから、天井がなくて、趣味でやっているのはマンドリンとか、そういうようなかたちで自分の行動をマトリックスのなかに入れる、おもしろい本です。

竹中さんは、銀行に入ったときに、簿記三級をとることを目標にした。マトリックスでいえば、仕事に関係することで、天井のあることになるわけです。大多数のエコノミストは簿記がわかっていない。簿記三級は商業高校のレベルですが、資産の見方がわかるようになる。国家予算だって簿記の延長線上だから、簿記ができることが重要だと考えた。我々は銀行に預金をします。銀行の貸借表だったら、我々の預金は負債になる。そういうことを理解するためには、簿記の基本的な知識がすごく重要だと彼は考えた。おそらく彼が経済学者として大成したというのは、若いころ、ほかの連中が飲み歩いているときに簿記学校に通っていたということが大きいと思います。

どれぐらい時間がかかるのか

さて、読書の目標をたてるうえで必要なのが、どれぐらい時間がかかるかを考えること。費用対効果を考えないといけません。たとえば、ある試験を受けるために一五〇時間かかるとします。年収を勤務時間で割ってみて、その数字に一五〇をかけたのが機会費用です。どのような職業かによって変わってくるけれども、少なくとも、その機会費用は失うわけです。また、その時間があれば、ほかの本を読むこともできるし、映画を見にいく、あるいは猫と遊ぶこともできる。そうすると、その機会費用を損失してまでも、このことに取り組む意味があるかどうかという感覚が大事になってきます。

例えばドイツ語。私はドイツ語で今、読みたい本があります。ハンス・ゲオルグ・フリッチェという旧東ドイツのフンボルト大学（ベルリン）神学部の教養学の先生がつくった、四巻本のものすごくしっかりした教義学書です。東ドイツのドイツ語というのは癖がある。あと、用紙配給が制限されていたため文字がうんと詰まっている。平均七〇〇ページで、一ページ当たり、四〇〇字詰め原稿用紙でおそらく七枚程度。これを私のドイツ語力で翻訳するとなったら、天文学的な時間がかかります。

だから今、編集者に、だいたいの分量を指示して、一年半ほどの期間で要旨訳をつくってもらうよう、三〇〇万円でお願いしています。日本には、ドイツ語が抜群にできるにもかかわらず、大学の非常勤だけで食べている五〇代の研究者はたくさんいます。そういう人たちが喜んで引き受けてくれます。

本の要旨をつくってもらうのに三〇〇万円というと、皆さんはとんでもない額のように思えるでしょう。ただ、その要旨があれば、その本の鉱脈を全部見ることができる。そうすると大学の講義でも使えるし、キリスト教関係の書籍をつくることもできるから、簡単にそれぐらいの額は回収できる。仕事で読む本というのは、やはりそういう性質があります。

じつは、ほんとうに私がやりたいと思っているのはアルバニア語です。イスマイル・カダレ（『夢宮殿』などの作者）の小説を読みたいと思っているし、アルバニアのナショナリズムや、アルバニアのキリスト教はすごくおもしろい。ですが、それはもう諦めています。どうしてかというと、まずアルバニア語以外にアルバニア語に似ている言葉はありません。アメリカ軍がコソボに侵攻したので、その関係でオックスフォード大学からアルバニア語についてのいい辞書がでました。辞書の問題は解決したが、まだ文法書はきちんとしたものがありません。教材が整っていない語学というのはものすごい時間がかかる。だから、アルバニアの初級知識を身につけるだけで、おそらく一五〇〇時間ぐらいかかると思います。

そうすると、いま五六歳で、一ヵ月に一二〇〇枚の原稿を抱えている私は、アルバニア語については諦めないといけない。そのかわり、アルバニアに関するものはかなり英語に訳されているから、細かいニュアンスはわからないけど英訳でカバーするということです。だから時間、費用対効果は非常に重要です。

本をいかに選ぶか

つぎに選書の仕方についてお話しします。

松岡正剛《まつおかせいごう》さんの『千夜千冊』という本があります。求龍堂から出ていて、七冊（と特別巻）で一〇万円です。ああいう本を買うと、すごくいい投資になる。一〇万円の本は、もったいないから読みますからね。それで、松岡さんがどういうふうに本を読んできているのかという、その読書プロセスがわかる。

松岡正剛さんのレビューは勉強になります。日本の新聞書評は、独特の文化で、悪口を書けないし、新刊書しか扱えません。そうするとパブリシティー、宣伝と限りなく近くなります。これはいいとか悪いとかではなくて、そういう文化になってしまっているということです。だから私はメールマガジンのなかで、書評ではなくて読書ノートというコーナーをつくって、新しいものだけではなくて古いものをあえて書くようにしています。『千夜千冊』は、日本の新聞書評から完全に外れて、厳しく書いているから、これは勉強になります。

では、選書の問題だけれども、例えばイスラム原理主義、「イスラム国」について勉強したいとなったときに、どういう人に聞けばいいのか。「イスラム国」といったら、やっぱりターバンを巻いていて、現地の事情についても詳しそうな中田考《なかたこう》先生に聞いてみるのがいいのか。『グローバル・ジハード』を書いている、今の警察庁の公安のほうで国際テロリズム問題を統括している松本光弘《まつもとみつひろ》さんに聞いてみるのがいいのか。しかし、どちらも偏りがある。

あえて極端な例を出しましたが、専門家は気をつけたほうがいいです。一般論として専門家は、自分の専門分野について自分の見解が絶対に正しいと思っているから、よほどよく訓練を受けた専門家、大学教授でないと、自分の学説に反対するものは紹介しません。

だからほんとうは、書評家としてきちんと力のある人から紹介してもらったほうがいいのだけれども、そういう人となかなか個人的な知り合いになるのは難しい。となると、そういう人が書いている書評に頼るしかない。たしかに、先ほど述べたように、我々が普通に触れる新聞や雑誌の書評というのは、パブリシティーと非常に近い。でも、目を凝らせば、ああ、ここのところに批判的なんだなといったところは読みとることができます。

書評を判断するときに、有名人だからいい書評を書けると判断したらだめです。私が判断基準にしているのは、かぎ括弧引用があるかどうかです。かぎ括弧引用がない書評というのは、読んでない可能性があります。全体をぺらぺらと読み流して書いている可能性がある。あるいは、流してすらいない可能性がある。どうしてか。編集者は自分の本を紹介してほしいので、詳細なプレスリリースをつけて送ってきます。それは、そのまま少し加工すれば書評ができてしまう。

それから、複数の書評で引用箇所が同じだった場合には、どちらかの人がどちらかの書評を見ているか、あるいはプレスリリースに引用されている部分を使っている可能性があります。このように本を読まずに書く書評家はだめです。読まない書評というのは、作家になるとよくわかります。

あともう一つは、書店員です。大きい書店でブックソムリエを置いているところもあるし、棚を見ている人たちというのは、たとえ内容をわかっていなくても、どの本が専門家のあいだでよく出ているかといった情報を持っていることが多い。

アウトプットの方法

自分で調べたいテーマについて本を買うときは、最初に基本書を三冊か五冊買うといいと思います。二冊や四冊だと見解が割れた場合、自分で判断しないといけない。だいたいの場合、基本書のスタンスというのは満場一致になる。一冊ぐらいずれていたら、この世界は一部に少数説があるんだなと、わかる。もし三冊買ってきて全部ばらばらだったら、その領域には通説がないということです。そういう分野と思って勉強すればいい。

東大をトップで卒業した山口真由《やまぐちまゆ》さんは、本は七回読めばいいと言いますが、たしかに七回読めば、それは完璧に頭に入る。ただ、通常の人間の忍耐力で、同じテキストを連続して七回読むというのは相当たいへんです。だから、七回とは言わないけれども、基本書は三回読んだほうがいいと思います。一回目は飛ばし読みで構わない。わからないところは全部飛ばして、二回目では全部ちゃんと文字を追って読む。それで三回目に書き込み、あるいは抜粋をしたらいいと思います。

ちなみに本というのは書き込まないといけません。だから、どうしても書店にない、古書店にもないということをのぞけば、図書館で本は借りないほうがいい。

私も、例えば『宇野弘蔵《うのこうぞう》著作集』や『カール・バルト著作集』など、大切な作家の高い本には書き込めません。4Bで、一・七ミリ程度のとても太い芯のシャーペンがあります。本全体で数行ぐらい、薄く書き込んで、しかも次にあけたときは消しゴムで消すようにして、きれいに本棚に置くようにしています。ようやく最近、仕方なく折り目をつけるようになりましたが、できるだけきれいにしておきたいというタイプです。

書き込むということは、要するに判断が示されているということです。あとから読むときに、ここの部分が重要だというところを追いかけていければ、この本の内容を復元できます。傍線でも、そのための何らかの判断を示すということです。

読書において、アウトプットは絶対に必要です。そのために読書ノートをつくるといい。ただ、読書ノートをつくることが目的になると本末転倒なので、ほんとうにポイントだという部分、たとえば、四〇〇ページの本を読んだ場合には、B5判のノートで四、五ページぐらい引用をしたり、あるいは自分で要約をしておく。ここが重要だ、この箇所を覚えておかないといけないというのをまとめたノートをつくっておけばいいと思います。

書き取りの量があまりにも多くなるということであれば、遠慮なくコピーをとって、のりで張りつけてしまえばいい。そういう方法でも構わないと思います。要するに、本の内容を自分が復元できるようにすればいいということです。

電子書籍とのつきあい方

お金がある場合、あるいは基本書に関しては、二冊持っておいたほうがいい。一冊目の書き込みのあるものをスキャンして、PDF化してしまったほうがいい。私のiPadには今、四二〇〇冊入っています。講談社の『人類の知的遺産』、中央公論の『世界の名著』、河出書房新社の『世界の大思想』、あるいは『マルクス・エンゲルス全集』も、『ヘーゲル全集』も入っています。最近の小説の『ナイルパーチの女子会』も『コンビニ人間』も入っています。私にとって移動図書館です。いつでも必要なときに見て、引用することもできる。クラウドを使えば全然重くならないので、適宜クラウドのなかに突っ込んでいくというのは、一つのやり方かもしれません。

書籍は基本的に紙の時代が続きます。どうしてかというと、教科書会社の利権はそう簡単に崩れないから。電子書籍元年というのは小学校、中学校の教科書がiPadなどのタブレット型端末になったときです。初動の段階で紙に慣れると、もうその紙から離れられない。でも、教科書会社の利権構造があるなか、近未来においてタブレット化がすすむとは思えません。だから小学校の教科書がタブレット化して、小学生たちが自分のお金で電子書籍を買うようになったときが電子書籍元年です。

いずれにせよ、電子書籍とどうつき合うかが重要です。ただ、いまのところ、なぜ紙のほうがいいのか。三次元だからです。二次元だったらデータ上だから検索しかないけれども、三次元だったら折っておけば、この本のこのあたりにあったということは記憶に残るでしょう。そうすると、自分の本棚の整理をしょっちゅうやっていれば、本棚のこのところにあった本で、このあたりにこんなことが書いてあったなということがレビューされていく。それによって頭のなかの知識が新しくなっていく。本棚、あるいは電子化されている本というのは、自分の外づけ記憶です。だから、本は捨てないこと。捨てるのならばPDF化して保存しておくことを勧めます。

組織で生き残るコツ

さて、ビジネスパーソンである皆さんは、部下に本を読ませるということがあるかもしれません。もしやるのであれば、まずやる気のあるボランティアベースでやったほうがいい。読みたくないのに読ませてもだめです。そういう人は出世しませんから時間の無駄です。だから、やる気のない人を相手にしないほうがいい。人生は短いですから。

組織で生き残るコツは、中間管理職だったら、上司については、絶対に逆らってはいけないということです。コンプライアンス上でよほどひどいことがあって上司に逆らったとして、一度はそこで勝つけれども、組織というのは上の味方です。遠からず人事異動でひどいところに飛ばされているのは、例外なくそうです。

しかし、上司は選べません。では、パワハラ上司、セクハラ上司がいたらどうするか。それは、斜め上に友達をつくっておくといい。自分のラインのところじゃなくて、ほかの部署など、あるいは、ほかの会社でもいいですが、かつて一緒に仕事をして、個人的に信頼していて、偉くなっている人間と関係を築いておくといい。

そういった、斜め上の関係にある人に、こういう深刻な問題があると相談すればいい。そうしたら、あなたに迷惑をかけない、あなたには災いが及ばないかたちで解決してくれる可能性が出てくる。上司対策については、こういう迂回戦術をとるといいでしょう。絶対に正論で上司とぶつかったらだめです。

中間管理職にとって、上司は選べませんが、部下は選べます。部下について気をつけなければならないのは、変な部下を絶対に採らないことです。人事などから、「頼むよ佐藤ちゃん、ちょっとトラブル起こしたんだけども、佐藤ちゃんのとこで三ヵ月だけ預かって」と頼まれても、絶対嫌だと受けませんでした。

それはどうしてか。仕事というのは、足し算でやっているときは、ゼロの人が入ってきてもいいんです。しかし、時に掛け算の仕事がある。そうすると、ゼロの人が入ってくるだけですべてがゼロになるから、これはほんとうに恐ろしい。

勉強にしてもそうです。やる気がない、だめな人間というのは、最初から相手にしなくていい。まず重要なのは、相手の学力の診断をすること。プライドを傷つけないように、このあたりが弱そうだなということを押さえておく。そのうえで、いま、我々がやらないといけないことは、積み重ね方式のものであるか、そうでないものかということを見きわめる。

例えば、本をコンビニで展開するということだったら、まずは村田沙耶香さんの『コンビニ人間』を読むといい。あの本のサイン会をコンビニでできたのはなぜか。コンビニというのは、コンビニについて扱っていれば、内容はあまり関係なく喜ぶところなんだという大まかな雰囲気をつかむことです。そういうところでの商売展開だから、コンテンツの内容については考える必要はない。問題は見せ方だというのがわかる。これは特に積み重ねは要りません。

ブックレビューの会

私が外務省の現役だったときにやっていたのはブックレビューの会です。一週間に一回、お昼を食べながら、一冊の本について五分以内でレビューする。それで一時間でだいたい一〇冊の本を扱う。そして全体を統括している人間が、その全体を通じて、こういうテーマがあるねということと、次回はこういう方向性で読んできてということを話します。

そうすると、部下たちがブックレビューで意外な本を拾ってきたりします。印象に残っているのは、光文社から出ているデヴィッド・モラー『詐欺師入門』という本で、仕事でとても役に立ちました。詐欺師がどういうふうにして、相手を信用させているか。もう一回仕事をしたいと被害者のほうから言わせるようにならないとプロの詐欺師ではないということが、実例とともに書かれている。

このブックレビューの会もそうですが、まず質より量で、自分たちの部下に、読書の時間、勉強の時間を確保させるということがすごく重要です。

いまブラック企業が問題になっていますが、かつて、私のなかでは、月の超過勤務時間が二〇〇時間以上をブラック企業、一五〇時間ぐらいでは忙しい会社と定義していました。私の外務省のときの平均の超勤時間は大体三〇〇時間でした。土日は泊まっているということです。そうしたら、あっという間に三〇〇時間ぐらいはいきます。もちろんよくないことです。しかし、北方領土などというのは、外交官がそれぐらいの努力をしないと動かないのです。

ブラック企業はともかくとして、標準的なビジネスパーソンの場合は、勉強の時間として平日は三時間ほどを目標にするといいでしょう。だから三掛ける五で平日に一五時間。それで土日は五時間ずつで、一週間で合計二五時間。時々サボることもあるから、年間でまあ、一〇〇〇時間内外でしょうか。それぐらいの時間を勉強するという、そういう習慣がコンスタントについていれば、相当の勉強、少なくとも年間に三〇〇冊ぐらいの本の処理はできる。逆にいえばそれだけやっても三〇〇冊しかできないということです。

ちなみに速読法というのは、要するに、精読する本を選ぶ過程において、速読で済まさざるを得なくなってしまうという、それだけの話です。だから、いま述べた三〇〇冊の本というのはきちんと精読する本ということで、そういう本を精査する過程での下読みが速読なのです。

速読できるのは、自分の知っている分野だけです。皆さんの圧倒的大多数はロシア語を知らないでしょう。ロシア語の書籍を与えられて、見たといっても、それは紙の上についたインクのしみにすぎない。だから、知らない分野の速読はできない。速読というのは、精読をするために必要なことだということです。

以上、いろいろと読書術について断片的に述べてきましたが、部下たちが、自分が受けてきたのと同じような方法で、さらにその後入ってくる若い人たちに読書の仕方を教えられるようになれば、一つの完成といえます。そうしたことの積み重ねが、ビジネスパーソン一人一人、さらには組織の力を高めることになります。

いま、日本の内外にはさまざまな危機が取り巻いています。このクライシスを乗り越えるためにも、着実に力をつけることが求められているのです。

（二〇一六年九月八日）

謝辞

本書を上梓するに当たっては、講談社の青木肇氏、所澤淳氏にたいへんお世話になりました。深く感謝申し上げます。

また、本書の基となった講談社の早朝講座を熱心に聴講してくださった受講生のみなさんにも深く感謝します。

二〇一七年三月二一日

佐藤　優

本書は、東京・大手町で二〇一六年一月〜三月に開かれた『社会人のための使える教養』（全五回）、同じく二〇一六年八月、九月に開かれた『ビジネスパーソンのための新書読書術』（全五回）をもとに、大幅に加筆・修正をおこない、まとめたものです。

N.D.C.159 283p 18cm
ISBN978-4-06-288421-1

講談社現代新書　2421

牙《きば》を研《と》げ　会社《かいしゃ》を生《い》き抜《ぬ》くための教養《きょうよう》

二〇一七年四月二〇日　第一刷発行

著　者　佐《さ》藤《とう》優《まさる》　© Masaru Sato 2017

発行者　鈴木　哲

発行所　株式会社講談社
東京都文京区音羽二丁目一二―二一　郵便番号一一二―八〇〇一

電　話　〇三―五三九五―三五二一　編集（現代新書）
〇三―五三九五―四四一五　販売
〇三―五三九五―三六一五　業務

装幀者　中島英樹

印刷所　慶昌堂印刷株式会社

製本所　株式会社大進堂

定価はカバーに表示してあります　Printed in Japan

「講談社現代新書」の刊行にあたって

教養は万人が身をもって養い創造すべきものであって、一部の専門家の占有物として、ただ一方的に人々の手もとに配布され伝達されうるものではありません。

しかし、不幸にしてわが国の現状では、教養の重要な養いとなるべき書物は、ほとんど講壇からの天下りや単なる解説に終始し、知識技術を真剣に希求する青少年・学生・一般民衆の根本的な疑問や興味は、けっして十分に答えられ、解きほぐされ、手引きされることがありません。万人の内奥から発した真正の教養への芽ばえが、こうして放置され、むなしく滅びさる運命にゆだねられているのです。

このことは、中・高校だけで教育をおわる人々の成長をはばんでいるだけでなく、大学に進んだり、インテリと目されたりする人々の精神力の健康さえもむしばみ、わが国の文化の実質をまことに脆弱なものにしています。単なる博識以上の根強い思索力・判断力、および確かな技術にささえられた教養を必要とする日本の将来にとって、これは真剣に憂慮されなければならない事態であるといわなければなりません。

わたしたちの「講談社現代新書」は、この事態の克服を意図して計画されたものです。これによってわたしたちは、講壇からの天下りでもなく、単なる解説書でもない、もっぱら万人の魂に生ずる初発的かつ根本的な問題をとらえ、掘り起こし、手引きし、しかも最新の知識への展望を万人に確立させる書物を、新しく世の中に送り出したいと念願しています。

わたしたちは、創業以来民衆を対象とする啓蒙の仕事に専心してきた講談社にとって、これこそもっともふさわしい課題であり、伝統ある出版社としての義務でもあると考えているのです。

一九六四年四月　野間省一

経済・ビジネス

350 経済学はむずかしくない〈第2版〉——都留重人
1596 失敗を生かす仕事術　畑村洋太郎
1624 企業を高めるブランド戦略——田中洋
1641 ゼロからわかる経済の基本——野口旭
1656 コーチングの技術——菅原裕子
1695 世界を制した中小企業　黒崎誠
1926 不機嫌な職場——高橋克徳 河合太介 永田稔 渡部幹
1992 経済成長という病——平川克美
1997 日本の雇用——大久保幸夫
2010 日本銀行は信用できるか　岩田規久男
2016 職場は感情で変わる　高橋克徳
2036 決算書はここだけ読め！——前川修満
2061 「いい会社」とは何か　小野泉 古野庸一
2064 決算書はここだけ読め！キャッシュ・フロー計算書編　前川修満
2078 電子マネー革命——伊藤亜紀
2087 財界の正体——川北隆雄
2091 デフレと超円高——岩田規久男
2125 ビジネスマンのための「行動観察」入門　松波晴人
2128 日本経済の奇妙な常識　吉本佳生
2148 経済成長神話の終わり　アンドリュー・J・サター 中村起子 訳
2151 勝つための経営——畑村洋太郎 吉川良三
2163 空洞化のウソ——松島大輔
2171 経済学の犯罪——佐伯啓思
2174 二つの「競争」——井上義朗
2178 経済学の思考法——小島寛之
2184 中国共産党の経済政策　柴田聡 長谷川貴弘
2205 日本の景気は賃金が決める　吉本佳生
2218 会社を変える分析の力　河本薫
2229 ビジネスをつくる仕事　小林敬幸
2235 20代のための「キャリア」と「仕事」入門——塩野誠
2236 部長の資格——米田巖
2240 会社を変える会議の力　杉野幹人
2242 孤独な日銀——白川浩道
2252 銀行問題の核心——江上剛 郷原信郎
2261 変わった世界 変わらない日本——野口悠紀雄
2267 「失敗」の経済政策史　川北隆雄
2300 世界に冠たる中小企業　黒崎誠
2303 「タレント」の時代——酒井崇男

知的生活のヒント